与最聪明的人共同进化

湛庐CHEERS

HERE COMES EVERYBODY

王梓晗 著

单口喜剧进阶指南

推荐序

单口喜剧的『道』与『术』

周奇墨

《脱口秀大会》第四季总冠军

梓晗是个狠人，她把喜剧给解剖了。她就像位冷静的法医，把段子放到解剖台上，开肠破肚，掏出内脏一样一样给你看——这是心，负责供血；这是肝，负责消化；这是阑尾，负责发炎。书里有几个我的段子忝列其中。说实话，我看完分析有些吃惊：当初凭直觉写下来的段子，原来缺了某些元素，就不灵了啊！下次再没有这些元素可怎么办？赶紧对照一下书！所以至少在我这里，梓晗通过“贩卖焦虑”卖出了一本教材。

我理解这种现象。创作者往往凭的是直觉，但直觉无法传递，除非将它拆解。一个好的分析者应该比创作者更了解后者的作品，就像医生比患者更了解后者的身体一样。

问题来了，如果创作者都凭直觉，那还需要什么教材呢？很难回答，我就讲一下自己的经历吧。我刚入行的时候是 2015 年，那是一个脱口秀的蛮荒时代，任何你认为能逗笑观众的事，都可以上去讲。我记得自己当时讲了一个段子，大意是我领着狗下楼方便，狗尿在了一辆车的轮胎上，不巧被车主撞见。我把狗狠狠训了一顿：不是说让你替我放风吗！（意思是轮胎上的污渍是我尿的。）这就是我当时段子的水平，我从来没养过狗，也没被车主撞见过（别的事我不想撒谎）。

这种段子讲出来，有人笑的时候还好，没人笑的时候，我就会扪心自问，我是不是傻？我到底在讲什么？我是不是个哗众取宠的小丑？我都不想侮辱小丑，毕竟小丑戏也是门正经的喜剧艺术。

后来，我开始看教材，也就是行内众所周知的《喜剧的艺术》（*The Comedy Bible*）。当时书里有个理念震撼到了我：段子的出发点应该是你内心最深处的情绪，是那些让你感觉困难、奇怪、害怕、愚蠢的事，而不是上来就奔着好笑。我试着依照这种理念写了几个段子，上台前忐忑不安：这能行吗？要不还是讲“尿轮胎”吧？当然我还是试了，而观众的反馈让我不再是个小丑，我是个单口喜剧演员了。

这个理念一直伴随我到今天。如果当时没有看到《喜剧的艺术》，我可能有一天会自己悟出这个道理，但不知道要过多久，不知道在中途我是否就会放弃。

还是说回梓晗的书吧。我读过几本喜剧类书籍，自认为对喜剧理念已经掌握得差不多了。然而看了梓晗的书以后，我仍然很受启发。梓晗可贵的地方，是她在经典喜剧教材的基础上，有自己的独立思考。比如，书中提到情绪与态度是有区别的，段子的出发点应该是态度而不是情绪，演员与观众之间的信息量关系，有所隐喻的人物关系，人物弧光在单口喜剧中的应用，等等。这些要么是梓晗提出的新理念，要么是她将情景喜剧的理念平移到了单口喜剧上，丰富了单口喜剧的艺术内涵，对实际创作很有帮助。

梓晗对单口喜剧的底层逻辑有非常深入的思考，这属于“道”的问题。如果你顺着她的思考将单口喜剧的“道”搞明白，可能会突然发现“术”的问题也解决了。我一直认为，喜剧技巧是跟着喜剧素材走的。更深刻、更走心的素材，自然会引发出所谓高级的技巧；而肤浅的素材，只能匹配轻浮的语言游戏。知道自己想讲什么，为什么而讲，你就不需要掌握那么多技巧。重剑无锋，大巧不工。

我还有一个观点，就是不要去背教材（我上学时就这么实践的）。你平时百思不得其解的部分，如果书中有提及，自然会让你恍然大悟，这时候你想忘都忘不掉。就像我除非失忆，否则绝不会忘掉《喜剧的艺术》的理念一样。大雨过后，有坑的地方自然会有积水。

我还有一个观点（单口喜剧演员最不缺观点），你不应该让一本教材限制住你的创作方法，画地为牢，你应该让它成为发展自己的喜剧风格的工具。毕竟喜剧不是围绕喜剧教材展开的，而是围绕喜剧演员的个性展开的。喜剧天才不用看什么教材，他的天分、悟性，就是他最好的工具，那是自然生发的东西。我们这些凡人天分有限，多知道一点理念总没有坏处。

在这里，我也替梓晗谦虚一下。诚然，这本教材难免有不成熟的地方，就像段子一样，永远没有完美的形态。我相信随着梓晗的进步、行业的进步，这本教材将越来越趋近完美。同时我也要向梓晗学习，这不是客套话。我从这个行业中获益太多太多，我也希望自己有一天能像梓晗一样，有能力反哺给这个行业一些东西。我们互相扶持，我们将走得很远。

前　言

我为什么要写一本书教大家改稿

“你为什么写了这本书？”从来没有人问过我这个问题，但我决定写一篇前言来回答它。

这本书给谁看，这本书怎么看

当你打开这本书的时候，我默认你已经有一定的单口喜剧表演经验了。比如，你已经有 10 场开放麦演出连续冷场，观众鸦雀无声，而你一筹莫展。不用太过担心，每一个优秀的单口喜剧演员都有类似的经历，这种经历大概率能帮助你建立对单口喜剧舞台的敬畏感，这种敬畏感能决定你未来发展的下限。假如你还从来没有登上过单口喜剧的舞台，那么请你先合上这本书，报名参加一次近期的开放麦演出，然后凭你的感觉写一个段子，勇敢地在或多或少的观众面前讲出来，并从容地接受观众的笑声或沉默。如果观众的反应给了你极大的信心，那你完全可以先不看这本书，继续按照你的想法去尝试。只有当你对观众的反应不满意，并且认为问题出在自己身上的时候，你才有必要打开这本书，来寻找一些改进的方法。否则，你在读书时很容易陷入“我并没有按书里说的做，但我每次表演都‘炸场’，这是怎么一回事儿”的困惑，徒增烦恼。是的，这本书的确无法帮助到“喜剧天才”，并不是我不愿意，而是我实在没有这种能力。

以上这番话，是我在从事单口喜剧培训的这3年里，逐步形成的“免责声明”。这番话的变体有时出现在训练营的课堂上，我会在正式的课程开始前问全班同学：“有没有同学对自己目前的创作非常满意？如果有的话请你把听课的时间节省下来，用5分钟去写新段子。”这并不是故作姿态或讽刺，而是我发自内心地认为，对他们来说，在现阶段去写段子可能是比听课更高效的进步方式。这种问题有时出现在开放麦演出结束后的休息区。比如，当一个与我不太熟的演员问我对他今天的段子怎么看时，我也会先问他：“你觉得它怎么样？有哪里是你还不太满意的？”我这样问并不是为了确保自己说出的话能讨好对方，而是为了节约自己的时间和精力。在这样做之前，我有很多次误会了对方的提问，当我一门心思想要跟对方讨论其段子的问题和修改方法时，对方却一直致力于引导我赞美他或给他加几个“爆梗”。后来我想，我完全可以把这些无效沟通的时间节省下来，去做一些更有意义的事，比如睡觉。不过，这些失败的培训经历就像冷场的开放麦演出一样，帮助我成为更成熟的培训师，于是我在每一次培训开始前都会设置一个双向选择的环节，以屏蔽掉那些不适合这次培训的对象，节约彼此的时间。

本书并不是一本系统的单口喜剧创作理论著作，它只是一部碎片化经验的合集。我只是把自己在创作和培训中经常遇到的问题和解决办法整理出来，这些解决办法既有完全从个人经验中总结出来的，也有从我学习过的各种创作理论中衍生出来的，总之都是一些可操作性比较强的做法。请注意，我在这里并没有说“比较有效的做法”，因为喜剧创作有其“玄学”的一面，至今我们也没办法非常笃定地说某些写法一定能让观众大笑。创作喜剧更像做试验，我们做出假设，改变某些变量，然后进行开放麦演出以观测这些变量对喜剧效果有什么样的影响，结果是不是符合我们的假设。所以在本书中，我给出的建议是关于“我们可以改变哪些变量”的，至于改变的具体方向、程度和改变之后的效果，则需要大家去开放麦演出中试验。但可以确定的是，只要你在不停地改变和试验，就一定会离成功更近一些，哪怕只是知道了“这种写法不行”，也是了不起的收获。积极地行动起来，总比无所事事地等待灵感更好。

说到这里，我也顺便介绍一下本书的使用方法，你可以先通读一遍全书，对每一章的主要内容有一个大致的印象，然后当你对自己的某个段子不太满意的时候，就可以翻开本书的目录，对照着每一章的标题，检查自己的段子是不是还能在某个方面做一些修改，改完再去开放麦演出中试验，如果试验结果不满意就再修改，循环往复，直到得到一个令你满意的段子。在我个人的经验里，一个段子从初稿到终稿，至少要经历 5 轮这样的循环，有些时候我以为自己满意了，但一段时间之后又觉得似乎还可以再好一些，所以我修改段子的时间周期往往很长，有些段子的修改时间可能会有一年以上。这也是为什么我希望读者有一定的单口喜剧表演经验，因为只有这样的朋友，才会真正理解一个素材有多么珍贵，才会愿意花大量的时间把一个烂段子慢慢地改好。很多新人常常以为一个烂段子的归宿是回收站，以为写段子像玩游戏一样可以删号重练，总有一天会突然开窍写出一个绝妙的段子。事实上，如果不能在改稿过程中不断提升自己的创作技巧，那么仅仅靠等，是很难等到开窍的。在我看来，意识到改稿的重要性，是单口喜剧演员走向成熟非常重要的一步。甚至可以说，改稿才是创作的真正开始。

为什么我可以来写这本书

我叫王梓晗，是一个全职单口喜剧培训师，也是一个平庸的单口喜剧演员。这两种身份经常使我感到为难，因为我总觉得后者的存在会使别人质疑前者的合理性，尽管我自己坚信培训这一工作本身需要一些完全不同于创作表演的工作技能和工作思路。

2018 年 3 月，我以学员的身份在上海笑果文化传媒有限公司举办的第三期“噗哧训练营”（笑果训练营的前身）第一次接触单口喜剧，当年 12 月我就以讲师的身份在第五期“噗哧训练营”授课了。从那时起到今日，我一直以单口喜剧培训师的身份工作：帮助演员改稿，组织工作坊，设计研发新人课、进阶课、专题课、拉片课……我在这些工作上投入的精力甚至比创作表演上更多。这并不是因为我“好为人师”，享受“教别人点儿什么”的快感，而是因为我认定自己在创作上没有太多天赋、上限不高，所以我想把精力花在自己更擅长的领域，用培训的方式去帮助那些上限很高的演员更快地达到他们的上限，以此来为行业发展添砖加瓦，表达我对单口喜剧这一艺术形式的感激与热爱。

那么，我为什么认为自己更擅长做培训呢？最主要的原因就是我在创作上缺乏天赋。有天赋的人往往不知道自己是怎么“学会”的，他们可能灵光一闪就写出了精妙绝伦的好段子，所以不会也不需要去学习什么理论、归纳什么创作方法。这些优秀的演员在看别人的段子时或许能立刻知道应该改成什么样，却不太适合手把手地教别人要怎么去改，就像有些学霸很会做题却不会讲题一样。

如此缺乏天赋的我，如今也有了个人专场，作为演员也得到了一些认可（我只是平庸但并不差劲，否则也没有人会邀请我去讲课），我很清楚地知道自己踩过哪些坑、走过哪些弯路、用了哪些“笨办法”才取得了进步，我可能是一个活体的“单口喜剧错题集”（倒也不必骄傲）。我在培训中讲到的所有方法都是自己实践过无数次的，而在三年的培训工作中我遇到了很多新人，他们又开阔了我的眼界，让我看到了很多新鲜的“错题”。在陪伴他们“改错”的过程中，我也在有意识地验证既有的经验并总结新的经验。而且，我的存在本身就能给学员增加信心：“连这么没天赋的人都可以当单口喜剧演员，我一定也没问题！”

其他的原因还有，我在高考中取得了很好的成绩，又在北京大学接受了四年学习方法的训练，因此当我进入一个新的领域，需要学习新的知识与技能时，我会更注重方法的总结和整理。我的外婆和母亲都是优秀的语文教师，我受她们的影响，一直在学习了解教育教学和课程设计方面的理论知识，也有过不少实践经验，获得了不错的反馈。

以上这些话看起来很像是自我标榜，但是没有办法，我必须用这样的方式来跟陌生的你解释，我有什么资格写这样一本教人打磨段子的书。

这本书原来只是我个人的工作笔记，我从中节选了部分内容，研发了笑果训练营的改稿课程。出于种种原因，这门课程的覆盖面并不大，但是获得了不错的口碑，听过课的演员们给出的建议是希望我下次能慢一点儿讲，没听过课或没听全课的演员则表示希望有机会能听到完整版。特别是，我最敬重的演员周奇墨“周老板”听了一部分线上直播课之后，专门向我表达了对我们的认可，并且说“希望以后有机会能听全”，我嘴上说“不敢当”，但内心也希望他能听全，然后提点儿建议或多夸两句。但考虑到

“周老板”的日程安排，他把课听全的难度实在是太高了，再加上全国还有很多和“周老板”一样没有条件听全这门课的演员朋友，于是我决定把笔记中适合公开的部分整理成书，并加入更多的案例和讲解（其中包括许多“周老板”的案例），让大家足不出户也能学到加强版的训练营改稿课程。另外，我也希望这本书能起到抛砖引玉的作用，我的智慧和眼界毕竟都十分有限，如果有朋友在读过之后愿意对书里的内容进行讨论甚至是反驳，我将不胜荣幸。

单口喜剧打磨内容的 3 个步骤

本书主要分为三个部分。第一部分介绍了明确表达目的的重要性，以及如何明确表达目的，这是打磨内容的基础工作。第二部分结合其他的喜剧理论书籍，介绍了一些具体的改稿方式。比如，如何利用喜剧公式检查段子，如何利用修辞增强段子的喜剧性等。这部分更像一个检修工具箱，如果你能明确问题出在哪里，就可以直接用对应的工具进行修理；如果你还不知道问题具体在哪儿，那不妨拿出每一种工具，逐个在段子上敲敲打打，说不定会掉落一些灵感。一开始你可能会觉得枯燥，但你对这些工具的熟悉程度越高，在改段子的时候就会越行云流水。第三部分包含一些零碎的建议，比如，如何写出一个段子、如何用口语写作、参加开放麦演出应该注意哪些礼仪等。将这些建议和改稿工具配合使用，就能发挥更大的作用，加速你的进步。

目前，已经有许多演员用这些方式修改了自己的段子或改进了自己的创作方法，还有很多演员的成功段子虽然不是用这些方式改出来的，但依然符合这本书讲到的原理和规律。总而言之，我真的认为这本书有用，我真的想要帮助每一个喜欢单口喜剧的你，就像帮助我自己一样。

祝你阅读愉快！

你对单口喜剧了解多少？

扫码鉴别正版图书
获取您的专属福利

扫码获取全部测试题及答案
看看你对单口喜剧了解多少

- 单口喜剧一定是一个演员表演的吗？（　）

  A. 一定

  B. 不一定

- 为了创作单口喜剧舞台上“惊世骇俗”的言论，创作者需要逆着逻辑去塑造“不常见”。这是对的吗？（　）

  A. 对

  B. 错

- 要判断一件事能不能成为单口喜剧的创作素材，首先要判断自己对这件事是否有（　）

  A. 表达欲

  B. 态度

  C. 观点

  D. 强烈的情感

扫描左侧二维码查看本书更多测试题

目 录

第一部分　打磨内容第 1 步
明确你的表达目的

第 1 章　确定你的态度 / 003

第 2 章　找到你的核心观点 / 032

第二部分　打磨内容第 2 步
善用各种改稿工具

第 3 章　喜剧公式 / 053

第 4 章　获胜 / 064

第 5 章　非英雄 / 079

第 6 章　信息量关系 / 092

第 7 章　有所隐喻的人物关系 / 105

第 8 章　世界观 / 118

第 9 章　人物弧光 / 128

第10章　直线 / 波浪线 / 138

第 11 章　积极动作与自发情感 / 152

第12章　修辞 / 161

第三部分　打磨内容第 3 步
在表演中不断精进

第13章　持续打磨内容的 3 个建议 / 187

后　记 / 199

致　谢 / 205

第一部分

打磨内容第1步

明确你的表达目的

第1章

确定你的态度

单口喜剧（stand-up comedy）是一种非常具有包容性的艺术形式。顾名思义，凡是满足单口（一个人表演）、喜剧（能将人逗笑）两个条件的，具有原创性的舞台表演形式都可以被称为单口喜剧（原创应该是所有创作者的底线）。如果从英文原词“stand-up comedy”入手，我们会发现，其实“人数”也不能成为限制，一个以上的人也可以以这种艺术形式表演，如《脱口秀大会》[①] 上的双胞胎组合颜怡颜悦。当然，即使考虑到英文单词的原意，也不代表只有站立的表演才能算“stand-up comedy”，毕竟单口喜剧舞台上常见的道具就包括高脚椅，有很多著名演员都会坐在舞台上表演。所以在定义问题上，我最

①《脱口秀大会》第一季、第二季和第四季，由深圳市腾讯计算机系统有限公司、上海笑果文化传媒有限公司联合出品。《脱口秀大会》第三季，由深圳市腾讯计算机系统有限公司出品。

认同的态度是不要纠结于单口喜剧的“边界”，急于定义什么是单口、什么不是单口，遇到比较新鲜的表演形式，不妨说：“我从来没看过这样的单口喜剧。”

由于外国有许多成功的单口喜剧表演者同时担任脱口秀节目（如《查普尔秀》等）的主持人，所以当这种表演形式被引入中国时，有人将英文“stand-up comedy”翻译成了“脱口秀”，这导致一些不太了解的朋友误以为中文语境下的“脱口秀”对应的英文词汇是“talk show”。其实《脱口秀大会》上绝大多数演员的表演形式对应的英文词汇是“stand-up comedy”，《金星秀》等节目对应的英文词汇才是“talk show”。不过话说回来，其实一种艺术形式叫什么名字并不重要，重要的是要知道这种艺术形式是什么样子，不要因为“脱口秀”这个译名，就误以为这种艺术形式的要素是“脱口而出”“即兴表演”，也不要因为《吐槽大会》等节目就误以为单口喜剧的主要内容就是吐槽名人。我们建议初学者多看看国外的经典单口喜剧专场，尽快对这门艺术形式形成比较准确的理解。

我们在本书中讨论的单口喜剧的表演形式，以一个演员在台上用自己的身份和观众说话为主。我们选择这种形式进行教学并不是因为单口喜剧只有这一种形式，而是因为这种形式是最常见，最有迹可循、有法可依的。所以，如果你喜欢单口喜剧却毫无灵感，不妨从这种形式开始尝试；如果你已经有了令自己兴奋的想法，只要遵循原创的原则，即使你的作品和后文将介绍的这种形式完全不同，也不妨先去开放麦演出中大胆尝试，也许你就能开辟一条无人涉足的新路径。在这里也推荐一个比较特别的单口喜剧演员——杰夫·邓纳姆（Jeff Dunham），他的表演形式是手偶加腹语，非常新奇。

“一个演员在台上用自己的身份和观众说话”，这句话里有几个重点，第一个重点是“一个”，强调的是演员数量。第二个重点是“用自己的身份”，强调的是单口喜剧表演不存在“第四堵墙”[①]，演员能明确意识到观众的存在，且演员在上台时就是自己，而不是在扮演某个角色。这一点明显区别于小品、短剧和素描喜剧（sketch comedy），在这些喜剧形式中演员走上舞台就是在扮演其他角色。比如，在 2022 年春节联欢晚会上，贾玲扮演了张小斐的婆婆，张小斐则扮演了一个“网红”，她们都不是以自己的身份表演的。第三个重点是“观众”，强调的是演员的交流对象是观众，所以在表演过程中，观众既是交流对象，也是展示对象。这一点就明显区别于对口相声、漫才等艺术形式。在对口相声和漫才的表演中，两个演员彼此是交

① 第四堵墙是戏剧术语。传统剧场一般使用三面式舞台，演员和观众之间没有墙壁，为了使舞台上的戏剧场景充分还原为生活中的室内空间，人们想象在台口位置有一堵墙，这堵墙能把演员和观众隔开，使演员忘记观众的存在。

流对象，演员之间的交流过程被展示给观众，观众是不直接参与（或者说几乎不直接参与）整个交流过程的。如果你还是不能理解其中的区别，那我们可以举一个极端的例子，你不妨想一想自己看到两个陌生人吵架和自己跟别人吵架的时候，你的心态有何不同（吵架是一种比较直接的交流）。当人们看到两个陌生人吵架时，即使不知道他们吵架的来龙去脉，只要他们吵得足够激烈、语言有足够的表现力，人们就能看得津津有味。但是当人们自己跟别人吵架时，一定会高度地集中注意力去捕捉对方话语中的信息，尽力理解对方在如何攻击自己，以便尽快做出回应。第四个重点是“说话”，强调的是单口喜剧表演主要是在向观众展示表演者的表达与交流能力。

接受了以上的前提，就能更好地认识“表达性”对于单口喜剧的价值。从观众的视角来看，单口喜剧表演的形式与他们日常生活中的“交流”场景非常接近，所以观众自然会将自己在这个场景下的生活经验代入进去。在日常交流中，人们会非常关心“对方到底想说什么”“对方是什么意思”，也就是交流对象的“表达目的”。只有当人们明确地感受到对方的表达目的时，才能集中精力去听对方说话。如果对方始终不能明确地表达出这种目的，人们就会逐渐失去兴趣或变得暴躁。可以说，这不是哪个个人的自主选择，而是由人的认知规律所决定的。

当然，有很多优秀的喜剧作品没有明确的表达目的（多见于日本的漫才、短剧），完全是在向观众展示喜剧技巧，而熟悉这些形式的观众在观看的时候也能很好地接受“演员纯粹是为了逗我笑”这件事，因为在观众眼里，这些表演的“表演”属性远远大于“交流”属性，所以他们不会代入自己日常生活中的交流经验。但事实上，很多观众在第一次观看漫才时也会觉得莫名其妙、不知所云。只要是演员在台上表演“说话”，观众都很容易代入自己的交流经验，更不必说单口喜剧本身就是“一个人和观众说话”的表演形式。所以，一个优秀的单口喜剧演员一定要会“说人话”，一个优秀的单口喜剧作品，也一定是一次完整流畅的演说或讲述，这是表演成立的基础。试想，如果我们仅从“好笑”出发来构建文本，忽略正常的语言逻辑和完整性，那观众在观演时一定会感觉一头雾水、代入困难，因为“日常生活中没人这么说话”。观众一旦觉得自己无法调用既有的生活经验来理解这场交流，很快就会对表演失去兴趣。

反过来说，从演员的角度来看，要想表达得流畅自然，有明确的表达目的是十分必要的。如果演员没有想说的内容，只是想逗笑观众，那么可能肢体表演会比语言表演更加容易。需要注意的是，这里的表达目的未必要直接出现在文本中，只要在表演者的心里明确存在即可，就好比一篇好文章的中心思想不会直接出现在文字中，但是一定能让读者明确地感知到。

所以，当我们在创作单口喜剧的时候，无论遇到什么样的困境（如段子不好笑、观众听不懂、不知道如何增强表现力等），都要追问自己："我到底想说什么？"下面给大家展示两个练习。

练习1：请阅读下面两个脱口秀文本片段，写出你认为的该片段的中心思想。

片段1

现在我是个"老家伙"了，我开始意识到，当个"老家伙"还是有好处的，可以占几年便宜。

第一点好处，就是我不用再搬重的东西了。人人都愿意帮我这个"老家伙"的忙。要是有个大箱子之类的东西，你懂的。你只要这样说就行："你能帮我搬搬这个吗？"

他说："当然，你要去哪儿？"

"印第安纳波利斯。"

他不是要帮忙吗？那就让他帮到底！狠狠地占他的便宜！

变老还有第二点好处：你要是不想参加什么社会活动，只要说你累了就可以。这一招对家庭成员尤其有效。你就对身边的人说："天哪，我累了，知道吗？"

"你累了啊？好吧，爷爷累了，爷爷要上床休息了。"

其他人说："但现在才早上 7 点半啊！"

谁家里都免不了有个傻瓜。

变老最好玩的地方是你不用为了忘东西负责了！就算是忘了重要的事情也不要紧。

"这是你女儿的葬礼啊！"

（摊手，表情）"我忘了。"

你也可以假装自己患了老年痴呆症。这太好玩了。你走到客厅的桌子前说："你们是谁？我的马在哪里？"然后看着你的大儿子说："阿格尼丝是你啊！我在第一次领圣礼之后就没见过你了。"

搞死他们。搞死他们，他们都不知道该怎么办了。他们需要一个星期才能接受这件事情，以后他们听你讲话就更专心了。

所以不要害怕变老，这是人生的好时节。你可以占别人的便宜，而且不用对任何事情负责。你甚至可以拉在裤子上，他们都没意见。

节选自乔治·卡林专场

《这对你不好！》①

---

① 乔治·卡林（George Carlin）是美国著名喜剧演员，其专场《这对你不好！》（*It's Bad for Ya!*）由 HBO 电视网于 2008 年出品。

片段 2

当家长是很有意思的，因为我觉得从许多方面来说，这会让你成为一个更好的人。你会有更多的同理心，更在乎这个世界的未来。但是，这也会让你变成一个更奇葩的人。因为有些事你以前绝对不会做，但你现在会为了自己的孩子去做。

举个例子，我们家有一套塑料玩具，就是一个上面有四个洞的塑料盒子，还有四个对应形状的东西能从那些洞里塞进去。有一个方块、一个圆、一个三角，还有一个星星。我们把星星弄丢了，我不知道星星去哪儿了，反正就是丢了。每次我们把玩具拿出来时，我三岁大的儿子就会问："星星去哪儿了？"我会对他说："我们把星星弄丢了。"如果你跟三岁大的孩子聊过天，你就会知道，这种对话是不会这样终结的。没有一个三岁大的孩子会说："啊，这就是人生啊！从今往后莫再提了。"对于星星丢了这件事，我没什么感觉，但他老问，这让我有点头大。每次都要解释，这让我很恼火。

有一天，我们在我儿子的一个朋友家玩过家家。我发现他朋友家也有这个玩具，他们的星星还在。我没想到，我脑海中顿时闪过一个念头：我要不要把这个星星偷回去呢？我开始观察周围有没有婴儿监视器，就好像我是《十一罗汉》里的乔治·克鲁尼，向老爸问起了奇怪的问题："嘿，如果你丢了东西，你会就这样算了，

> 还是会调查寻找呢？”
>
> 最终，我还是没偷走那颗星星。这倒不是因为那样做不太道德，而是我担心，自己要是被抓了现行怎么办。我还是有本事把那颗星星顺出那栋房子的，这点我还是办得到的。但是，等到下次我把它拿出来的时候，要是我儿子发现了，然后问我：“托尼家的星星怎么在这儿？”要是被他发现了，我们就不能再让他和托尼玩了，因为我儿子会把我供出去的。而且三岁的他还太小了，我还不能教育他说：“告密者不得好死。”
>
> 节选自塞斯·梅耶斯专场
>
> 《门厅宝宝》[①]

我把片段 1 的中心思想概括为：乔治·卡林觉得变老是有好处的，因为老人可以占很多便宜。我把片段 2 的中心思想概括为：塞斯·梅耶斯觉得当家长会让人变得更奇葩，因为家长会为了孩子去做很多奇怪的事。我相信，不管你得出的答案是否和我的相同，得出答案的过程一定是非常迅速的，这说明这两个片段都能让观众听明白“演员到底在说什么”。而且，实现这一目标最简单有效的方式，就是把段子的中心思想放在开头。在这里，希望你能完整观看这两个专场，它们都是非常好

---

① 塞斯·梅耶斯（Seth Meyers）是美国著名喜剧演员、编剧，其专场《门厅宝宝》（*Lobby Baby*）由奈飞于 2019 年出品。

的正例，相信你看完之后一定收获颇丰。

> **练习 2**：请找一个或几个同伴组成小组，每个组员轮流进行以下操作。
>
> 1. 选一个自己的段子，把它的中心思想写在纸上，注意不要让你的同伴看到。
> 2. 向同伴大声朗读你的段子，由同伴来归纳中心思想。
> 3. 对照同伴归纳出的中心思想和你写下的中心思想，找到不同点。

这个练习能使你打破“我明明说得很清楚了”的幻觉，帮助你找到能让观众听明白的说话方式。

不要“追求”好笑

一场好的单口喜剧表演，流畅自然只是最低的要求，作为一个喜剧表演，它当然还要好笑，或者说最重要的是好笑。如果不好笑，即使它再流畅自然，表达目的再明确，也不能算单口喜剧，只能算演讲。诚然，有些单口喜剧专场的确有一些不太好笑的部分，但我认为这完全可以理解为演员在表演单口喜剧的过程中为了表达自己的观点，穿插了一段演讲，就像演唱会上有些歌手会在唱歌间歇和观众聊天一样。优秀的歌手会掌握分寸，不会聊一小时天、唱一首歌。优秀的演员也会把握好比例，在利用自己的经验和技巧逗笑观众之余，真诚直接地去表达一些观点（如果演讲的时间太长，观众就会不高兴）。也有些演员的整个专场都让你觉得不好笑，那可能是因为你不喜欢他的幽默方式。总而言之，好笑不是评价单口喜剧表演的唯一标准，但一定是最必要且最重要的标准！

相比于主观追求的“表达目的”，我们更倾向于把“好笑”作为一个客观形成的“表达效果”。因为“好笑”没有一个客观标准，能不能实现这种“表达效果”，完全是由说话对象来判断的，不同个体的判断结果可能差别极大。喜剧演员想追求的好笑其实是让大多数人都觉得好笑，或者说认为你的表演好笑的观众数量只要多到能在所有观众中占据压倒性优势即可。比如，安东尼·杰塞尔尼克（Anthony Jeselnik）的表演，可能从绝对比例上来讲并不能让大多数人觉得好笑，但是从数量上来说，喜欢他的观众数量可观，这些观众完全可以确保他的收入。也就是说，你对好笑的判断标准其实完全可以是小众的，但是如果想要成为职业的喜剧演员，你就要确保笑点和你一样的人多到足够能养活你。

遗憾的是，以人类目前的认知水平，我们还没有观察到一个先验性的规律，如“只要如何说话，就一定能让大多数人觉得好笑”，所以我们关于喜剧理论的探索全部都是对已经获得成功的笑话进行收集和分析，归纳它们的共同特点，然后进行模仿和尝试，再对经验进行总结。事实上，这些特点未必就是笑话起作用的核心原因（正如古人误认为燃烧的核心是“燃素”一样），但这已经是我们目前研究喜剧能做到的极限了（这也是为什么目前人工智能在喜剧领域还很难代替人类）。我们当然希望在人类认知水平取得了极大进步之后，我们能找到笑话起作用的真正规律，然后我们就能按照规律创作，百发百中。但在这之前，我们是无法用主观意识将一句话说得“好笑”的，甚至当我们越想“好笑”的时候，往往越适得其反，所以我们只能模仿成功笑话的特点，去创造一些可能“好笑”的话，然后拿到观众面前试验，将有效的部分保留，无效的部分删去。随着经验的累积，我们的尝试可能会越来越成功，预判可能会越来越精准，但无论是水平多高的喜剧演员，在见到观众之前都没有能力保证一个作品百分之百好笑。

因此从可操作性上来说，不能将“好笑”作为表达目的来追求。那么，单口喜剧的表达目的是什么呢？就像文学和戏剧没有一个整体的中心思想，但是每一篇文章、每一部剧作都有自己的中心思想一样，每一个单口喜剧作品（可能仅仅是一条只有一句话的段子）都有自己的表达目的，也正如我们在日常生活中的表达交流，每一次表达都会有不同的目的。**如果一定**

要说单口喜剧这个艺术形式的整体表达目的是什么，那我倾向于将它描述成："把演员认为好笑（常常是荒谬）的地方说清楚。"

利用表达欲寻找素材

当我们接受了前面所有的论述，创作单口喜剧的第一个必要条件就显而易见了，那就是"表达欲"。在日常生活中，我们会评价一些很健谈的人"表达欲旺盛"，除了那些交流所必需的语言（随着科技的发展，这样的语言越来越少），如果不是因为有"表达欲"，人是不必开口说话或提笔写作的。所以当你想要说一些与基本生存需求无关的话时，必然是有一些事物触动了你，引发了你的思考，让你迫切地想要与人分享。当一个人的表达欲强烈到可以克服当众讲话带来的心理负担时，他才有动力走上舞台开始说话。我们在教学中常常遇到一类朋友，他们对单口喜剧有着浓厚的兴趣，却从一开始就苦恼于不知道自己要写点儿什么，当被问到"你有什么非说不可的事儿吗"时，他们往往一脸茫然，这样的状态肯定是不适合创作单口喜剧的。之所以强调"一开始"，是因为每一个演员早晚都会经历这种状态，即觉得素材匮乏、创作枯竭，没有什么想说的话。但至少在最初上台的时候，演员应该有充足的表达欲作为推动力。

如果你觉得自己喜欢单口喜剧，不妨问一问自己："我为什么喜欢单口喜剧？"如果你有想在这个舞台上说的事，并且想以好笑的方式说出来，那你就可以继续阅读这本书了；如果你只是喜欢逗别人笑，那在这里必须提醒你，在没有表达目的的情况下，想纯粹利用说话来逗人笑可能并不像看起来那么容易，你不妨尝试一下其他的喜剧形式。

一次单口喜剧创作，常常是从确定素材（也就是要讲的事儿）开始的。**要判断一件事能不能成为单口喜剧的创作素材，首先要判断自己对这件事是否有表达欲，这其实就是要去判断自己对这件事是否有明确的态度。**有一些朋友会把情绪作为判断是否有表达欲的标准，这种判断方法在多数情况下能起作用，是因为态度常常会引发情绪，因此情绪和表达欲经常同时出现。但是，并非所有引发态度的事都会引发情绪。比如，对于一些社会新闻中的犯罪行为，我坚决持否定态度，但我并不一定会感受到愤怒的情绪，或者说这种愤怒没有强烈到能让我意识到。同样，并不是所有引发情绪的事都能引发态度。比如，今天下雨了，我觉得情绪很低落，但是我知道下雨是自然现象，我不会对这个自然现象有什么态度或看法。上面的两个例子，哪一个更容易引发我的表达欲，或者说更让我有话可说，并且非说不可，一目了然（如果你认为是下雨，那么你就可以在这里退出了，祝你成功）。

相比于情绪，态度才是更准确的判断标准，或者说态度才是最必要的。之所以有些演员将情绪作为判断标准也能找到好的素材，是因为那些素材其实也具备态度因素，只不过判断者可能对态度的敏感度远低于情绪，其实真正对表达欲起作用的还是其中的态度。关于这个问题，我再提供一个佐证：单口喜剧文本中最常见的表达方式是议论、描写和记叙，极少有抒情。

相比之下，情绪强调的是感觉，态度强调的是倾向。对于没引发什么情绪的事情，一个人对其有没有态度是比较容易判断的；对于能引发情绪的事情，情绪可能更容易被感知，那么如何判断自己的情绪中是否有态度呢？在这里为大家提供一个非常实用的判断方法：情绪只要有主体就够了，而态度是必须有客体或对象的。所以如果你的情绪有了对象（我对某件事非常生气），它就具备了态度的基本条件。如果你的情绪找不到对象，那就说明这种情绪中并没有态度。请注意，在“我因为下雨而情绪低落”中，“下雨”是情绪低落的原因，而非对象，因为在一般情况下，人不会因下雨感到悲伤或生气，只可能因下雨给生活带来的不便感到生气。在这种情况下，“我”是有态度的，而且态度的对象是“下雨给生活带来了不便”。

所以，态度是表达欲的信号，抓住了态度，就有了最初步的表达冲动。

找到适合写段子的态度

下文将对态度进行进一步细分。所有的态度因素都适合用于写段子吗？事实上，不同类型的态度因素在写作难度上有极大的差异。我们可以从两个维度将态度分为四个象限（见图1-1）。

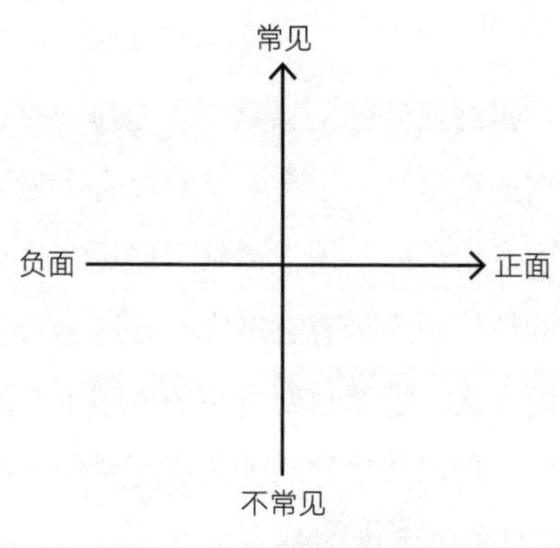

图 1-1 态度的四个象限

为了方便理解，我们举例说明。

- 第一象限（正面 + 常见）：我男朋友送了我一束花，这是一件值得开心的事。
- 第二象限（负面 + 常见）：我男朋友送了我闺蜜一束花，这是一件令人生气的事。
- 第三象限（负面 + 不常见）：我男朋友送了我一束花，

这是一件令人生气的事。

- 第四象限（正面 + 不常见）：我男朋友送了我闺蜜一束花，这是一件值得开心的事。

在这四个象限中，除了第一象限，其余三个象限中的素材都可以写成段子，而相比之下，第三象限、第四象限的态度因素更容易引起观众的兴趣。

有一些单口喜剧演员认为“段子中一定要有负面情绪”，并且用大量的例证来说明这一点，但我个人对这一说法并不认同，我可以很容易地举出反例。比如，在本章的练习中，卡林关于“如何享受变老的好处”的段子，就没有什么负面情绪。我的观点是：第一，段子中不一定要有情绪，只要有态度就可以了；第二，不仅可以利用负面态度写段子，而且可以利用不常见的正面态度写段子。观察态度的四个象限可以明显地看出，相比于正面还是负面，更具有决定性的因素是常见还是不常见：不常见的态度才是创作的必需品。此处探讨这些问题的目的当然不是推翻现有理论，而是对现有的理论进行补充和扩展，从而拓宽大家寻找素材的视野，提高大家辨别素材的能力。素材是单口喜剧演员极为宝贵的财富，所以一定不要不求甚解地以“负面情绪”为唯一标准，淘汰掉那些明明可以使用的素材。

向原理的方向更进一步，“负面情绪说”认为，只有负面情绪才能引发观众的优越感（superiority）。优越感对喜剧来说当然是非常重要的，但需要注意以下两点。

第一，使人发笑的优越感未必都是观众相对于演员的，也可以是观众相对于其他观众的，或者观众相对于其他路人的。

第二，绝不能将观众相对于演员的优越感窄化地理解为演员要全方位地比观众低、比观众差，其实只需要让观众感到自己没有处在演员所在的窘境中即可。也就是说，喜剧性得以实现常常源于主人公的欲望大于能力，因此在实现目标的过程中身陷窘境（如电影《泰囧》、小品《昨天今天明天》等）。

我们带着这个观点回看态度的四个象限，第二象限引发观众的优越感的方式无须赘述，第三、第四象限是如何使观众产生优越感并发笑的呢？很简单，当观众听到一个关于不常见的态度的段子时，他们会根据演员的表现对这个态度的成因进行判断，即演员为什么会这么想。判断的结果要么是演员比多数人更愚蠢（或具有某个致命的弱点），要么是演员比其他人更聪明（或具有某个关键的优点，如逻辑思维能力很强）。当前者出现时，观众会自然地相对于演员产生优越感；当后者出现时，观众则会相对于没听过/没听懂的人产生优越感，即“这么新颖前卫的观点，我居然一下子就听懂并且接受了，我可真棒啊”。总之，“态度的四个象限”判断法与“优越感”的喜剧原理并不矛盾。

找到“不常见”

前文提到，观众会在看单口喜剧表演时代入自己的生活经验，你可能会对此产生一个疑问：一个关于不常见的态度的段子会不会让观众无法代入自己的经验，进而失去兴趣呢？我们在评价单口喜剧作品的时候，常常会提到一个词——“共鸣”，好的作品能引发观众的共鸣，那么不常见的态度要如何引发观众的共鸣呢？

要回答这个问题，不妨先来回忆一下那些很好地引起共鸣的单口喜剧表演。如果你一下子想不到这样的表演，可以先观看杰瑞·宋飞（Jerry Seinfeld）的专场《我最后跟你说一次》（*I'm Telling You for The Last Time*）。当人们觉得自己被“击中”时，人们内心的活动往往是：“我也有这样的感觉。”这句话其实并不完整，完整的说法应该是：“我也有这样的感觉，但我无法这么精准地描述。”只有加上后半句，人们的内心感受才是“真有共鸣”。如果只有前半句，那人们内心的感受就是“这还用你说”。人们会有这种“感受到了但说不出来”的感觉，往往不是因为人们的语言表达能力不够，而是因为对于这种感觉，人们思考的深度和细致程度远不如表演者。所以所谓的“不常见”，除了“态度本身就与众不同”这种情况，还可以来自对常见态度的更深、更细的探究。当你探究的深度和细致程度超过大多数人时，你的态度就变得“不常见”了。或者说，对于所有的“常见”，只要你仔细地挖掘、深入地思考，你总会进入“不常见”的境界，只不过这个“不常见”有些时候埋得比较浅，有些时候埋得比较深。如果把单口喜剧演员比作黄金矿工，那本书现在已经告诉你“黄色的就是金子”（不常见的态度可以被写成段子），“金子散落于不同深度的地下”，你只要拿起铲子去挖就能挖到，只不过有些地区金子多而浅，有些地区金子少而深，至于你挖到什么时候放弃一个地区，则完全取决于你对投入产出比的判断了，祝你好运！

对那些优秀的单口喜剧演员来说，即使在别人已经挖出很多金子的区域，他们依然能挖到新的金子，比如关于“马拉松”这一话题，演员艾德·赫尔姆斯（Ed Helms）讲道：

> 我的兄弟克里斯太爱健身了。他真的特别爱健身，他的一大爱好就是跑马拉松。如果你们不知道这件事，那就是有人自愿去跑全程马拉松。我完全无法理解这个想法，真的是太……你懂的。我就一点儿也不想跑，但是克里斯想要跟我解释，好像这事很有趣、很有益。

他会说：“伙计，痛快极了好吧！听我说，你开始跑了，对吧？你跑到了16公里，对吧，你全身开始抽筋——一种剧痛无比的感觉，是吧？跑到32公里，我拉裤子了，我都不知道！我到达终点线，那里就像是战场一样，对吧？那些人像苍蝇一样纷纷往下倒，到处都是救护车。那个跟我一起跑完全程的家伙，原来在跑到26公里时就‘死’了，他靠着肾上腺素完成了比赛，我对天发誓，这是真的！”

我试着去理解这件事，真的。我还去看了纽约马拉松比赛，它正好经过我在布鲁克林的公寓。我是和一群朋友去的，我所有的朋友都在为跑者加油。

他们在那儿：“喔哦，干得漂亮！好样的！继续加油！你们的状态很好！太棒了！”

我在那儿：“你没必要这样啊！为什么？这完全没有必要啊！你猜怎么着？我有一辆自行车，你可以骑走！不如这样，你进屋来，屋里面有空调。我的室友做了一些鳄梨酱，味道特别好！我们租了《肉丸》[①]，进来吧，你可以和我们一起玩，真的！不过你得先去洗个澡，因为我注意到你拉裤子了。”[②]

① *Meatballs*，一部加拿大喜剧片。——编者注

② 节选自美国喜剧中心频道 (Comedy Central) 于2002年出品的赫尔姆斯演出。

这个段子主要着眼于马拉松运动对参与者身体的摧残。

周奇墨在《脱口秀大会》第四季第十期讲道：

马拉松，我最不理解的运动就是马拉松。当年，雅典跟波斯打仗，打赢了，然后派了一个跑得最快的士兵，连着跑了42公里，把胜利的消息带回去，然后当场累死了。我不理解的是，这个事情发生以后，所有人的反应不是：人不要连着跑42公里，会死！这是生理的极限。大家的反应居然是：要不我们都试试，攒个局？你想一想，这个士兵如果有在天之灵，每年看到那么多场马拉松比赛，他（是）什么心情？每一个过了终点线的人，仿佛都在跟他炫耀：哥们，这有什么难的？这怎么会死人呢？你弱爆了！

其实这个士兵当时已经很了不起了。因为当他回到雅典的时候吧，他先说了一句话，他说："我们胜利了！雅典得救了！"然后才倒地死的。（这）证明什么呢？证明他特别懂得什么叫优先级。因为但凡换作我，呼哧带喘跑了这么久回到雅典，我说的第一句话肯定是："水！妈呀，渴死我了！"然后"啪"倒地死了。就剩下那些雅典人围着我的尸体在那儿纳闷，说："这个人是怎么回事？大老远跑过来喝口水？前面打的是什么仗？口水仗吗？"

这个段子主要在质疑马拉松运动来历的不合理。举这两个例子是为了表明，只要你挖掘得足够深、足够细，素材是不会被写完的。所以，假如你和其他演员碰巧挖掘到了同一素材，不必灰心，更不必死死抓住浅层次的黄金不放手，只要你勤奋地深入挖掘，一定会找到更加独特、更有价值的角度。

下面我们来聊聊如何找到“不常见”，首先来说那些本身就不常见的态度。要想找到这种态度，先决条件是了解大众对一个问题的看法，即知道什么事是常见的。实现这个条件最简单的方式，就是去看那些流传甚广的言论，可以去网上冲浪，观察网友讨论，也可以去找一找传统的俗语、习语，看一看有哪些是你不同意的，因为很多约定俗成的话其实是没有道理的。比如，来源于网络的一个段子（上），以及我自己的一个段子（下）：

（上）老师常说不要拖班集体的后腿，班集体还分前腿后腿，班集体是猪吗？

（下）我妈经常说我吃屎都赶不上热的，可是吃屎为什么要赶热的？吃屎是什么好事儿吗？热的一定比凉的好吗？说这种话的人是赶上热的了所以很骄傲吗？

从这两个例子可以看出来，那些被挑战的话未必是完全不对的，多数时候只是因为修辞效果不够严谨，而这种不严谨在广泛流传的过程中慢慢被忽略、无视，所以只要找到了这些不严谨之处，其实就找到了不常见的态度。这样的素材在生活中可以说是俯拾皆是，无论是俗语、谚语，还是人们常说的客气话，都会或多或少地存在一些逻辑漏洞，比如，乔治·卡林专场《这对你不好！》的片段：

> 人死之后还会有这样的对话，一般是说给死人的配偶听的。“听着，如果有任何事情我能帮上忙，你尽管开口。”你能干吗？把死人复活吗？

只要去找，这种素材可以说是取之不尽、用之不竭的。不过，从日常语言的不严谨之处发现的“不常见”往往止于表面，用这种素材创作很容易让观众觉得你在耍贫嘴，觉得你在故意抬杠，所以这种素材的发现和处理可以用于训练，而由此创作出的成品要用较严厉的方式去筛选，才能呈现在观众面前。

除了给不严谨的言论挑错，还可以去挑战那些几乎是公认的观点，比如，周奇墨在《脱口秀大会》第四季第八期表演的段子：

> 关于生日，我一直有一点不理解，就是生日愿望为什么要默许。我就觉得生日愿望应该说出来，尤其

（是）在你经济没有独立的情况下，因为能帮你实现愿望的人可能就坐在你周围。对吧？比如，你过 18 岁生日，就在那许愿：我想要一个 iPhone 12！一睁眼，发现你父母在那儿（表演捂住耳朵）："许完了吗？许完了？吹蜡烛，吹蜡烛！"

除了语言，还可以着眼于行为或社会现象。简单来说，本身不常见的态度可以从那些"别人觉得是坏事，而你觉得是好事；别人觉得是好事，而你觉得是坏事；别人觉得正常，而你觉得不正常；别人觉得不正常，而你觉得正常"的事情中找到。

处理这种素材的时候，可以参照一些论述题的评分标准，如"言之成理，即可得分"。这些说法有可能会极大地挑战和冲击观众固有的认知，有些观众甚至一听到开头就开始紧张或者排斥了。如果想让观众对这些说法产生共鸣，演员与众不同的态度背后一定有非常严谨的逻辑和不违背基本常识的前提条件。不得不说，虽然逻辑能力有高有低，但是逻辑本身是一种通行度极高的语言，因为它的规则非常明确且清晰，只要演员心中有稳固的逻辑路径，绝大多数观众都愿意跟随着演员去一步步地进行推导，直到得出最终的结论。单口喜剧舞台上很多"惊世骇俗"的言论，之所以能让大家笑出来，是因为其背后的逻辑链条是非常扎实且稳固的。那么，如何确保自己的逻辑严谨呢？最简单的方法就是，顺着逻辑去“发现”“不常见”，而不要去逆着逻辑“捏造”“不常见”。也就是说，不要为了写段子而去编造一个不常见的态度，然后再去为了这个态度编造背后的整套逻辑和前提条件，这样产生的段子往往会给人“强词夺理”和“哗众取宠”之感。即使是“发现”的“不常见”，也要仔细地检查一下其背后有没有被忽略的逻辑问题。如果你忽略了而观众注意到了这种问题，那么在你讲的时候，观众就不会认真听你讲，只会产生强烈的反驳你的冲动。

需要注意的是，这并不意味着单口喜剧演员必须说话天衣无缝、滴水不漏，每个人都有偏见，或者说每个值得说出来的观点都是偏见，我们不是要让观众觉得我们全知全能、说得全对，而是要让观众理解这些偏见是如何产生的，看到偏见中的合理性。如果你能用表演交代清楚偏见的背景，观众就不会仅从自身的逻辑和经验出发去反驳你。所以，演员要发自内心地承认自己的“局限性”，这种“局限性”不是缺点，而是特点。如果演员的内心姿态是“我最聪明，我说得全对，跟我不一样的人都傻，让我好好给你们上一课”，观众就会讨厌你。这样的人即使是在日常生活里，也是令人讨厌的。只要你心里明白自己的观点只是偏见，不是客观规律，只要你能明确地意识到“没有人能看到别人眼里的世界，我这么想仅仅是因为我是我”，哪怕你在段子里不直接说出来，观众也是能感觉到的，这种感觉才是观众对你感兴趣、想要去了解你的基础。

人们会产生偏见，是因为人们有不同的思考方式，这些思考方式有些来自天性，有些则是人们在生活经历中日积月累地形成的。每个人都是独一无二的，因此要想更容易地找到不常见的想法，就需要仔细地观察自己，思考一下“我”和别人有哪里不一样。这些不一样之处可能是经历方面的，比如我曾是高考状元，那么这种经历肯定会让我对名校、高考等相关的话题有不常见的思考；也可能是性格方面的，比如我有“社交恐惧症”，我对一些常见的社交行为可能有不常见的感受；甚至可能是外在的条件，比如我是一个河南人，那么我对河南风土人情的理解肯定和其他地区的人是不同的。

找到“不一样”，追问这种“不一样”会给你带来什么影响，你对这个影响有什么态度，从这些态度中找到最明确、最强烈的那一个，它就很可能成为你的段子素材。这样的例子有很多，可以说，所有的“强人设”段子，比如，赵晓卉讲自己作为车间中唯一的女性被要求在年会上表演手语舞的段子，庞博讲自己作为程序员如何和当产品经理的妻子相处的段子，徐志胜讲自己因为外貌特点在线下演出时收到观众过于强烈的反馈的段子，都是从这种“不一样”之中发展而来的。

需要注意的是，优秀的“强人设”段子一定是基于细致的观察和真实的生活体验，而不是换一种方式去重复“刻板印象”。我尤其不建议以下面这种格式写段子：“很多人都说，我们 ×× 人就是 ×× 样，今天我在这里澄清一下，他们说的是真的！”这种套路既不真诚也不好笑。

宏观地说，单口喜剧是关于人的艺术，观众如果喜欢你这个人，觉得你是一个有趣的人，那么你所有的观点、看法、经历可能都会让他们觉得有趣。有些朋友会花大量的精力去试着了解观众，揣测观众的喜好，但观众不是一个整体，而是由许多不同的个体组成的，每一个个体的喜好不仅不同，而且不稳定，所以如果把精力放在猜观众喜欢什么上，往往会很辛苦，甚至一无所获。

从人和人相处的层面来说，绝大多数人都会喜欢真诚[①]的、内心丰富的人，所以单口喜剧演员从始至终都要坚持做的最重要的事情就是认识自己。你是世界上最容易了解你自己的人，对于你的经历、感受和变化，你都能比别人更早更多地了解到。因此，作为单口喜剧演员，要不断追问自己“我是什么样的人”“我为什么成为这样的人”，以此为前提条件，再去观察自己所处的世界，就能找到那些独一无二的不常见态度，

① 在台上展示虚伪也是一种真诚，因为这其实是对虚伪的揭露。

就会获得取之不尽、用之不竭的创作素材。这些态度的总和，就是你宝贵的个人风格。

“笑果”创作清单

- 创作单口喜剧必须明确表达目的，即“我究竟想说什么”。
- 要好笑，但是不要去追求好笑，好笑是结果，不是目的。
- 态度能激发表达欲，所以让你产生态度的事才能成为创作素材。
- 所有态度都能成为创作素材，利用不常见的态度来创作更容易。
- 想找到“不常见”，既要向外观察世界，也要向内观察自己。

第 2 章

找到你的核心观点

第 1 章谈到，由于表演形式的特点，创作单口喜剧时必须明确表达目的。要确保这一点，就需要寻找那些能激发表达欲的素材，而判断是否具有表达欲的标准，就是是否有态度。只有当你对一件事情有明确态度的时候，这件事情才能被称为素材，才能进而被加工成好的单口喜剧作品。第 1 章还讲到，你所有的态度，都应该来源于你这个人，你是什么样的人，你跟别人有什么不同，所以单口喜剧演员整个职业生涯最重要的功课就是认识自己。

如果第 1 章讲述的内容你已经很好地接受了，那么我们现在把视角拉回到一个具体的操作维度上来。当你找到了自己有明确态度的素材时，应该如何去处理呢？你可以试着在态度的基础上再往前走一步，去找一找观点。如果态度是“我觉得这件事不对劲儿”，那么观点就是要回答“这件事哪里不对劲儿”。概括地说，最简单的观点，就是清晰而准确地将你感受到的“不对劲儿”描述出来，并用你的逻辑去解释它“不对劲儿”在哪里。比如，梁海源在《脱口秀大会》第四季第五期表演的段子：

你们有人被催过婚吗？被催婚真的太可怕了，因为有一些催婚的理由非常离谱。他们会跟你说，你不结婚以后死在家里都没人发现。这是什么理由啊？

【这件事不对劲儿】

我都已经死了，我都已经没有感觉了，为什么我的第一需求居然是被人发现？我有那么需要被人发现吗？

【这件事哪里不对劲儿】

我们可以把整个段子概括成“有人催婚的时候会说，不结婚的话死在家里都没有人发现，但是一个死人并不需要被人发现”。在这个段子中，如果停留在态度上，段子可能只能写到“这个理由真的太离谱了，这是什么理由啊”，并对自己听到这一理由时的情绪、感觉进行渲染和夸张的描述。这当然也很好笑，但是从观众的角度看，这更多地像是一种情绪的发泄，发泄之后总是给人一种话还没有说完的感觉。从演员的角度看，这个素材的利用没有做到价值最大化，这是一件很可惜的事情。需要注意的是，人们在看到舞台上有人情绪失控时总归是能笑出来的，但是如果表演止步于此，那单口喜剧这种艺术形式和骂街相比，无论是从语汇的丰富性还是表现力上来说，实在是不占优势，何况单口喜剧还要花钱看。不过不可否认的是，能在台上自然地表现自己的情绪失控，也是一种很难得的能力，但这种能力应该成为表演中的一个非必要的加分项，而不应该成为一个演员追求的终极技巧。这里的非必要，指的是有很多演员在台上几乎从不表现“失控”，但同样可以很好笑，如杰瑞·宋飞。关于同一个段子加不加情绪的表演方式的对比，可以观看访谈节目《谈笑声风》（*Talking Funny*）中不同演员对同一个段子的表演。

将观点蕴含在讲述中

在任何单口喜剧作品中，观点都是非常重要的，观点是表达目的的直接体现。如果把单口喜剧的文本创作当成写作文，观点就是作文的立意，立意明确是好文章的基本要素之一。当然，我们在生活中会发现不同类型的素材，有些素材本身就是“我观察到了一个现象，产生了一个观点”，展开方式就是对这个观点的论述，如第 1 章提到的周奇墨的段子“生日愿望应该许出声”。在这类段子里，观点的重要性不言自明。但有时候我们选择的素材不是一个现象，而是一个复杂的故事，那么当一个段子以记叙为主要的表达方式时，是不是就可以没有观点呢？答案当然是否定的。

首先，演员决定要讲这个故事，应该是因为这个故事激发了演员的表达欲，演员对发生的事情有一些态度和想法，而不仅仅是因为发生了一些有趣的巧合（更不要去捏造一些有趣的巧合）。这种态度的对象可能是故事中的某一个人物，也可能是故事中的某一个细节，还可能是故事发生的背景或起因，等等。

比如，大卫·查普尔[①]专场《天旋地转的时代》中的段子：

一天，我在家，我儿子过来说："爸，我要 250 美元。"

他才 12 岁，我吓坏了。"你这家伙怎么回事？有人要杀你？"

他说："不是，凯文[②]要来了，我想去看他的演出。"

我说："票多少钱一张？"

他说："125 美元。"

我说："天杀的！我的票才 80 美元。你为什么要

① 大卫 · 查普尔（Dave Chappelle）是美国著名演员、制作人，其专场《天旋地转》（*The Age of Spin*）由奈飞于 2017 年出品。

② 凯文 · 哈特（Kevin Hart）是美国著名喜剧演员、编剧。——编者注

250 美元？”

他说：“因为我想和你一起去呀！爸爸，好不好？”

就这样，我带他去看了演出，我们入了场，坐在前排正中。灯光暗下来，暖场表演一个接一个，然后凯文上台，观众陷入疯狂，有好几千人！我气得半死。

演出时间越长，我的怒火越旺，因为他的演出太精彩绝伦。这演出能让人疯狂，观众笑得捂着肚子。我儿子拍着膝盖“哈哈哈哈哈哈哈哈”。

我说：“好你这个玩意儿，我也是干这行的。”

凯文说：“晚安。”

观众疯狂了。后来大家都开始向大门走去，灯光又亮了起来，我儿子却站着一动不动，看着空荡荡的舞台。人们推搡着我，没人认出我来，我想：“我的天！这地方烂透了！”

我说：“走吧儿子，我们出去。”

结果我儿子看着我说：“爸，求求你，我想和他见面。”

我当时觉得：“我的天啊！”

然后我带儿子去了后台。我和凯文相识多年，但不知道你们相不相信，我敲他更衣室的门时真的很紧张，我差点就说：“儿子，我已经很久没见过他了。”

（表演无奈敲门）

凯文的一个小弟开了门："嘿！大卫，你最近怎么样？见到你很高兴，兄弟。你在这附近干什么？这附近很差劲。"

我说："其实呢，我家就住在这附近。那个，凯文在不在？我儿子想和他见个面，很快的。"

"我不知道可不可以，凯文正准备吃饭。"

正在那时，凯文转过来看是什么人："天啊！嘿！大卫，你最近怎么样？快来后台！我刚准备吃饭，不知道你们吃过没有，你们要是愿意的话，欢迎和我们一起吃。"

我儿子一把推开我，走上前，非常冷血。他说："哈特先生，其实我们已经好几小时没吃东西了。"

凯文带我们去了后面的休息室，好家伙！他还摆了场宴席。那天明明是星期二，但他们在吃周末晚餐。桌上有牛排、猪扒、涂满黄油的玉米。

我儿子狼吞虎咽的样子让我觉得很丢人，我说："儿子，你慢点。"他就这样（疯狂吃喝并撑得捂住肚子）。

后来我看了一眼墙角，那里放了一个箱子，里面是当地团队的定制背心，全都是手工制作的，背后都绣着"K-HART"的字样。

凯文看到我盯着箱子，走过去拿出一件背心，又走到我儿子面前说：“嘿！小伙子，这个送给你。”

我儿子说：“谢谢，哈特先生。”

然后接下来的事把我惹怒了。

凯文说：“如果你生你爸的气了，就把这个穿上。”然后他就走了出去。

唉，真是冷血。

不难看出，在这个故事里，查普尔最主要的态度对象就是“我没有凯文红”这个事实，这种态度在故事里表现为他对儿子的态度、对凯文小弟的态度、对凯文本人的态度、对晚餐的态度等。总而言之，在整个叙事过程中，我们一直能清晰地感觉到，查普尔的每一句话都带着强烈的态度滤镜。观点（哪里不对劲儿）就蕴含在演员的讲述中，比如，“那天明明是星期二，但他们在吃周末晚餐”。

请注意，我们在这里不是在讨论作者的创作意图，而是从观看者的视角去讨论段子的表达效果。你如果看过足够多优秀的由“故事型素材”加工成的段子，就能发现，所有的故事都具备这个特点，即“观点蕴含在讲述中”，而不具备这个特点的故事，我们在小学语文课上一般称之为“流水账”。也就是说，在处理一个“故事型素材”时，你选择什么故事，选择讲述哪些情节，选择怎样描写人物，选择呈现什么细节，都应该能让观众感受到你想要表达什么观点。如果你自觉在这方面不是天才，那在创作的过程中就应该认真地思考自己想要表达什么观点，并以“对表达观点有没有帮助”为标准来选择如何讲述你的故事。我在这里想要强调的是，千万不要窄化地理解观点，无论是在什么类型的段子里，观点都非常重要。这里的观点不是指直接存在于段子文本中的观点，而是指存在于创作者内心的观点。

再举一个例子，这是周奇墨在《脱口秀大会》第四季第五期表演的一个片段：

> 就在今年，有一次我跟我前任（女朋友）的一个共同的朋友，我俩在那儿聊天的时候。聊着聊着呢，他突然问我：“欸？那谁结婚了你知道吗？”
>
> 当时，我脑子嗡的一下。不知道为啥就在我的认知里啊，就总感觉前任是永远不会结婚的，她不应该没人要吗？开玩笑，这太得罪人了，但我当时真的很懵啊！我说：“啊？这么快吗？不知道，都没联系。”
>
> 他说：“啊，没联系，没联系那算了啊。”（手伸进口袋）“那你想看照片吗？”
>
> 我说：“看不看都行。”但我当时心里有一个小人说：“你倒是往外拿呀！磨叽！我想看，快点快点！”
>
> 然后我哥们就掏出手机来给我看他在我前任婚礼上拍的照片。我一张一张在那儿翻，我表面上翻得

很快，但其实我看得很仔细。我就想在我前任脸上找一种表情，找一种勉为其难的表情。那种表情就是：啊，我才意识到上一个人有多好，我爱的是上一个人，这是个错误的决定，我有点儿后悔了。（她脸上）一点这种表情儿都没有。怎么说呢，她太会伪装了，会到让人心疼。所以我把手机还回去，我说："挺好，看着挺幸福。对了，她老公是干啥的？" 不要小瞧这简单的一句话。当时我心里又有一个小人，远远地对着她老公喊："过来呀！过来（我）跟你比画比画，看看你是什么角色！" 然后我这哥们就开始跟我讲，我前任她老公是一个投资人，在北京、上海都有房子。两个人（度）蜜月去欧洲玩了一个多月，这个那个的……这个时候再看我心里那个小人，一边跑一边喊："杀人了！救命！有人杀人了！" 分手以后我是想过我的前任可能会过得好，但她过得有点太好了。她的好伤害到了我，让我觉得：啊，原来我只是她幸福路上的绊脚石，她把我踢开是对的。所以我现在特别想站在她的面前跟她说："我现在过得也挺好。我现在上了脱口秀大会，处于事业的上升期，所以，你老公投资我不会错的。"

加下划线的部分就是演员集中展示自己态度和观点的部分，不难看出，展现态度、观点有一个很好的方式，那就是描写人物的心理活动。在这个段子中，周奇墨甚至把自己的心理活动实体化了，写成了一个独立的小人。结合这段视频中的观众反应，我们也能明显地感受到，这个段子里引人发笑的部分，正是演员的这些复杂幽微的心理活动。

从“原生观点”到“衍生观点”

本章提到，最简单的观点就是清晰而准确地将你感受到的“不对劲儿”描述出来，并用你的逻辑去解释它“不对劲儿”在哪里，但是只走到这里是远远不够的。为了充分发掘每一个素材的可能性，最大化地利用好素材（或许要讲满一年才能认识到素材有多珍贵，而且我由衷地希望你永远认识不到素材的珍贵），我们还要试着在这个最简单的观点的基础上进一步思考，得出更多有价值的观点（当然也可能得不到，但还是要试一试）。

为了便于区分，我们把“描述‘不对劲儿’并解释‘不对劲儿’在哪里”的观点叫作“原生观点”，把在“原生观点”的基础上思考得出的新观点叫“衍生观点”。要想从原生观点中发展出衍生观点，有两个可能的思考方向：解释和解决。

解释，指的是对“原生观点”中的“不对劲儿”进行归因，即回答“为什么会出现这种不对劲儿的情况”。要注意的是，单口喜剧创作所需要的回答，一定不是一本正经地从社会学、心理学、语言学等科学角度去给出的，而是演员用“脑洞”和逻辑得出的回答。也就是说，解释并不是真的在回答“为什么会出现这种不对劲儿的情况”，而是在说“这个情况太不对劲儿了，除非某个更不可能的情况发生，这种情况才是正常的”。这种说法其实还是在强调和放大“不对劲儿”，而不是真的“解释”。回看梁海源关于催婚的片段：

你们有人被催过婚吗？被催婚真的太可怕了，因为有一些催婚的理由非常离谱。他们会跟你说，你不结婚以后死在家里都没人发现。这是什么理由啊？

【不常见态度：“我”讨厌被催婚，是因为有很多催婚理由非常离谱】

我都已经死了，我都已经没有感觉了，为什么我的第一需求居然是被人发现？我有那么需要被人发现吗？

【原生观点：死人的第一需求不应该是被人发现】

我是一个宝藏吗？还是说我死了之后家里会留下一个舍利子。好像不被人发现就亏了，对吧？真的好像死了之后被人发现是一件特别光荣的事情一样。

“你知道吗？隔壁那个王老头刚死就被人发现了。”他真的好厉害呀！虽然他生前一事无成，但谁能想到他刚死就被人发现了。

“你看他这辈子都没有白活了，你看你不结婚，死了之后没人发现。”

【衍生观点之解释：除非“我”是一个宝贝或死后被人发现是一件特别光荣的事情，这种说法才是合理的】

从这个段子里还可以看出,“解释”指的是一种思考方式，而不是一种固定的表达方式。以“解释”为内在逻辑，可以写出千变万化的灵活句式（“解决”亦然）。比如，詹姆斯·艾克斯特专场《拿手剧目》[①] 中的段子：

香蕉是一种表里不一的食物……有些香蕉金玉其外，败絮其中；有些香蕉表面是黑的，里面还是好的。【原生观点】

要想防止肤浅的人补充足够的钾元素，这就是一个标新立异的好办法。

【香蕉这样长太愚蠢了，除非它是为了防止肤浅的人补充钾元素，这样长才是正常的。】

---

① 詹姆斯 · 艾克斯特（James Acaster）是英国著名喜剧演员，其专场《拿手剧目》（*Repertoire*）由奈飞于 2018 年出品。

不难看出，虽然此段子的句式与上一个例子完全不同，但同样遵循了解释的思考方式。出于我对这个段子的偏爱，我再多说一句，这个段子最令我惊喜的地方在于，居然可以对自然现象进行动机揣测。

周奇墨在《脱口秀大会》第四季第七期表演的段子中也具备“解释”的模型：

> 说实话，我有的时候都不知道我那些钱花在哪儿了。有的时候我看我微信当月的那个总账单啊，我就很纳闷：就这个数字，它跟我有什么关系？它是不是随机生成的？我一个月怎么能花这么多钱？我是有充电宝没有还吗？还是有人一直在骑我没有上锁的共享单车？他现在应该已经上了川藏线了吧？
>
> 【账单上的数字太大了，除非“我”有充电宝没有还，或者有人骑着“我”没上锁的共享单车去了西藏，这个数字才是正常的。】

解决，指的是针对原生观点中的“不对劲儿”想出对策，即回答“我要如何处理这种不对劲儿的情况”。同样，解决也不需要遵循任何社会常识，只需要演员用“脑洞”和逻辑，对这种“不对劲儿”给出有力度的回应即可。这里的解决不是指真的为了解决问题，而是为了对抗或者说制裁这些“不对劲儿”，是一种回击。这种回应既可以是激烈的情绪发泄，也可以是天才的应对措施。比如，在故事型段子中常见的“报复”情节，本质上就是对“不对劲儿”的一种解决，回击的对象是故事里伤害你的人，回击方式就是“以其人之道，还治其人之身”。

先来看一个“解决”的例子。本章前文引用的催婚片段还有后续，梁海源说：

> 当然，这样的催婚理由呢是没有办法打动我的，因为不就是被人发现吗？这能有多难啊？我觉得我临死之前肯定会给我的好朋友程璐打电话——如果他还没有死的话。
>
> 我会跟他说：“程璐，快，我快不行了，马上抬我去全上海人最多的地方——人民广场的相亲角，我就要死在那里，我要死在那些催婚的人面前，让他们看一看我死了之后是有人发现的，而且是他们亲自发现的。我要死在他们这个爱情的坟墓里。”

面对奇怪的催婚理由，梁海源给出的应对办法是“让好朋友把濒死的我抬到人民广场相亲角，来向催婚的人证明，即使不结婚，死了之后也是有人能发现的”。从逻辑上说，这里其实是在接受了催婚者的“死了之后被人发现是很重要的事”这一假设之后，来论证“死后被人发现”和“结婚”并没有必然联系。而前一段中引用的解释部分则是在论证“死了之后被人发现并不重要”，所以，没有必要为了这个结婚。也就是说，整个段子的逻辑顺序是递进的：“有人说你不结婚死了都没人发现”—“被人发现对死了的人来说并不重要，我没必要为了这个去结婚”—“即使死了被人发现很重要，也不是必须结婚才能被人发现，所以我还是没必要结婚”。这样的处理，环环相扣地反驳了荒谬的催婚理由，也把素材的喜剧性放大到了最大化。

再比如，周奇墨在《脱口秀大会》第三季第三期表演的段子：

我有一次去药店买药，就是很普通的感冒。我进去以后就跟那个店员说：“麻烦给我拿一盒感冒灵。”

那个店员点点头，然后从柜台里拿出一盒很贵的药说：“你吃这个吧，这个是特效药，见效快。”

我一看那个价格，我说：“我也没有那么赶时间，平时生活节奏挺慢的。你就给我拿感冒灵就行了。”

“不吃是吧？”然后他又从柜台里拿出一盒很贵的药。

我说：“你这个也不是感冒灵啊！”

他说：“啊，这个也灵。”

我当时就很恍惚，我想，为什么？为什么我的中文现在起不到交流的作用？为什么语言传达不了信息？然后就在我恍惚的时候，那个店员问我："你咳嗽吗？"

我说："有点咳嗽。"

"那得配个止咳的。发不发烧？"

"我倒是不烧。"

"那也得配个退烧的。"

当时那个柜台上放着三盒药，没有一盒是感冒灵。我透过那个柜台的玻璃，能看见感冒灵就静静地在下面放着。那个店员给我的表情是：没有人从我这里拿走过感冒灵。我当时想：怎么着，现在买药是得抢吗？是不是得哪天半夜拿把菜刀过去："给我！不是钱！（是）感冒灵！"

"你看你脾气这么大，你是肝火太旺你知道吧。这是特效药，你去一下火。"

【以上内容是在细致地描述"我遇到了一件不对劲儿的事"。】

我当然知道我不能抢，所以我想，怎么办？如果我再去他们家买药，我是不是可以先发制人。我先消耗他所有的耐心。比如，我进去以后呢，我先回避他所有的问题。

我一进去以后，他说："买药啊？"

我说："啊，随便看看。"

“你想买什么药啊？”

“你们这都有什么药啊？”

“这话说的，我们这什么药都有，你有什么病啊？”

“你看我像有什么病？”

他说：“不知道，但你肯定有病。”

然后我俩的对话就越来越虚无，越来越缥缈。

到了第10句话以后，他已经崩溃了：“可是存在先于本质！”

我说：“怎么定义存在呢？”

“你到底要干啥？”

“拿盒感冒灵。”

“给你不就完了吗？”

“肝火有点旺。”

【解决：店员东拉西扯不给我拿感冒灵，那我就先发制人，东拉西扯拖延时间，以其人之道还治其人之身。】

再来说一个应对措施的例子，这是周奇墨在前文的一个片段“我怎么能花这么多钱”之后给出的“解决”：

我就觉得是因为现在的扫码支付太方便了。你的手机“嘀”一声，钱就没了。所以我觉得现在的手机啊，应该在扫码支付的时候换一些让我们心疼的声音。比如，支付 50（元）——“嘶啊”；支付 500（元）——“哎呀呀呀呀呀”；支付 5 000（元）——“离家的孩子，流浪在外边，没有那好衣裳也没有好烟”“谢谢，谢谢，谢谢”。

很明显，在这个例子中，演员并不是真的希望手机有这个功能，只是在用这种方式表达自己对“扫码支付使人在花钱时不心疼”的不满。从这个段子里可以看出，衍生观点能极大地增强段子的喜剧效果，起到一种“翻上去”的作用。所以，如果你觉得自己写的某个段子虽然好笑，但是似乎还不够，好像还缺少一些“高光”，那么你可以尝试发展一下衍生观点。

到这里，关于表达目的的内容就基本讲完了，第 1 章、第 2 章给出了三个元素，即态度、原生观点和衍生观点。**其中，态度和原生观点是一个成熟段子必须具备的结构，衍生观点则是一个段子重要的加分项。**总体而言，这两章内容是整个改稿工作的基础，高楼万丈平地起，只有打下坚实的地基，才能盖起高耸入云的大楼。

“笑果”创作清单

- 为了更好地利用素材，我们应该在态度的基础上思考，直到得出明确的观点。
- 在所有的段子中，演员内心的观点是十分重要的，即使它们没有被直接体现在段子里。
- 可以用“解释”和“解决”的思维方式来寻找衍生观点。

第二部分

打磨内容第 2 步

善用各种改稿工具

第3章

喜剧公式

在第 2 章，我们明确了观点的重要性，并给出了从原生观点到衍生观点的发展路径。在第 3 章正式开始之前，我必须再次强调，本书提供的并不是一个个创作步骤。在多数情况下，你脑海中会自然地流露出一段话，或者说你会凭感觉写出一段话，这段话就是一个不错的段子雏形，其中已经具备了态度、原生观点，甚至是衍生观点。在这种情况下你完全可以继续创作，不必专门停下来去找“解释”或“解决”。只有当你在创作过程中感受到了阻碍，比如，你发现自己的段子很难向下发展或在开放麦表演中观众的反应没有达到预期，你才有必要回到起点，按照我们给出的方法进行检查，看看自己的段子中是否已经具备了明确的态度和清晰的观点。如果把段子比作一辆车，那我们提供的并不是驾驶方法，而是修理工具（单口喜剧这辆车未必有固定的驾驶方法，你完全可以先凭着感觉开）。如果你的车能够正常运行，那你永远也没必要打开工具箱。不过，如果你希望自己的车保持良好的性能，甚至被开发出更好的性能，那你不妨定期利用我们提供的工具对你的车进行一次检查。

“好笑”与“喜剧性”

我们在前两章中的论述基于一个共同的前提条件：对单口喜剧来说，表达性是非常必要的。聪明的观众或许已经发现了，我们所提供的检查工具——态度和观点，对于几乎所有的表达形式适用：一次演讲、一篇文章、一场辩论……甚至我们还强调不要把“好笑”作为目的去追求。或许有些朋友已经完全接受了这个观点，但有些朋友恐怕仍然心存疑虑：“我已经有了明确的态度和清晰的观点，这使我能有条理地说服观众（具体表现是观众在看表演时频频点头），问题是我该怎么使他们发笑呢？”能提出这个问题，就意味着你敏锐地发现了一个事实：**具备良好的表达性是单口喜剧的必要条件，但不是充分条件。**准确地说，我们强调表达性，更多的是因为表达性是单口喜剧区别于其他多数喜剧形式的一个最明显的特性（这一特性既可以成为优势，也可以成为限制）。那么，单口喜剧和其他喜剧形式的共性是什么呢？当然，是喜剧性。

我们在之前提到过，觉得好笑是一件很主观的事情，我们作为演员，能做的事情只有让大多数人觉得好笑。在这里，我们既然要讨论喜剧性，就必须更细致地解释一下好笑和喜剧性之间的关系。

好笑就是指这个东西能使你发笑，反之它就是不好笑的。好笑作为一种主观感受，就像人对温度的感觉一样，只有在非常极端的情况下（比如北极那么冷或者太阳那么热），大家才能达成共识，而在多数日常情况下，大家的感觉总是不同的。比如，在很多家庭或办公室里，大家都没办法对什么时候该开空调达成共识，即使表面上得出了结论，也一定有人对这个温度感到并不舒适。所以好笑是一个主观感受，不是一个客观标准。现在，请回想一下上一次让你笑出来的生活场景，很可能是有只小狗跑着跑着滑倒了，或者是朋友打开了一瓶被晃动过的碳酸饮料。但是，你会专门去制造这些事情，然后把它搬上舞台，给花了 100 元买门票的观众展示吗？或者说，你愿意花 100 元来看别人刻意制造的这种东西吗？也许你真的会，但假如这么做能赚到钱，早就有人这么做了，毕竟这么做可比创作单口喜剧容易太多了。显然，这些事情对你来说是好笑的，但它们和你看到的喜剧是有明显区别的。那么，喜剧是什么呢？

关于这个问题，前辈已经有了很多高深的回答，比如最广为人知的一个："喜剧的内核是悲剧。"如果我们把喜剧看成一个桃，那么这句话就好像在说，桃的内核是桃仁。买桃的人通过这句话能知道桃并非全是果肉，还有桃仁，桃仁虽然也能吃，但口感和桃完全不同。作为创作者，也就是种桃的人，这句话并不能让我们知道，我们该如何种出桃，而这恰恰是我们最关心的问题。这句话既没有告诉我们如何获得一个桃仁（如何创作悲剧），也没有告诉我们如何把桃仁变成桃（如何把悲剧变成喜剧）。从这句话中我们只看到，如果把一个桃的果肉吃完，就能得到一个桃仁。或许悲剧创作者能从这句话中得到一些灵感，把喜剧的某些部分去掉，就能得到他们所需要的东西。但这并不是我们所需要的，我们关心的是：去哪里买种子、种在什么样的土壤中、怎么浇水施肥，才能让桃又大又甜；怎么在漫长岁月里维持桃的口感……也就是说，即使喜剧真的是桃，这句话对于创作者恐怕也帮助不大，何况喜剧很有可能并不是桃，也不一定具备桃的结构，它很可能并没有内核。

我们在本书中选择采纳史蒂夫·卡普兰（Steve KapLan）在《喜剧这回事》（*The Hidden Tools of Comedy*）[①] 中给出的定义：

喜剧是一种阐述人类生活真相的艺术。

---

① 后文引用的相关内容均出自《喜剧这回事》的中文简体字版，由后浪出版公司联合贵州人民出版社于 2020 年出版，译者是陈易之。

采纳这一定义的主要原因有二：一是这句话的逻辑非常严谨，严谨到看起来仿佛什么都没说；二是这句话确实能帮助我们离喜剧创作更近一点。在这里，我也向所有的读者朋友推荐《喜剧这回事》一书，本书第二部分有一多半的内容实际上就是从单口喜剧创作者的角度来解读《喜剧这回事》。我曾经向很多新演员推荐过这本书，得到的反馈经常是："我读了一部分，但我觉得它主要是在指导情景喜剧和喜剧电影的创作，对单口喜剧的创作帮助不大。"我可以很肯定地说，并不是这样的。这本书是我从事喜剧行业之后阅读的第一本专业类书，当时甚至还没有中文译本，我借助翻译软件马马虎虎地看完了第一遍，就让我茅塞顿开，有醍醐灌顶之感。可以说，我后来的喜剧观主要是通过这本书建立的，我的所有创作和培训工作也主要围绕这本书的内容展开，我从这本书中学到的东西帮助不少成熟的单口喜剧演员开阔了思路。如果可以，我希望你在阅读本书之前先读一读《喜剧这回事》，然后来本书中学习单口喜剧演员利用其中工具的具体方法。

回到《喜剧这回事》中给出的定义：喜剧是一种阐述人类生活真相的艺术。有些朋友可能会说，正剧难道就不阐述人类生活真相吗？让我们回忆一下那些深入人心的正剧角色："侠之大者，为国为民"的郭靖，坚韧不拔的许三多，智勇双全的杨子荣……不难看出，正剧中的主角往往比我们更优秀、更有能力、更高尚，具备各种我们所缺少的品质；正剧打造出了我们想成为的人，让我们看到了理想人生的图景。但很明显，我们永远成为不了那样的人，也不会过上那样的生活。喜剧则不同，喜剧让我们直面自己所处的现实。想想那些受人喜爱的喜剧角色：《武林外传》里抠门的佟湘玉、《我爱我家》里游手好闲的贾志新、《家有儿女》里调皮捣蛋的刘星……他们身上具有的缺点、瑕疵和经历的失败，与我们没有区别，甚至可能更为严重。更重要的是，喜剧热情地拥抱了这些缺陷，告诉我们即使自己有这么多缺陷和不足，生活仍在继续。所以，正剧阐述的只是人类生活的一部分真相，关于人类有多么高尚、无私、有爱心的真相，回避了那些主角暴露弱点并被弱点支配的时刻。喜剧在正视这些优点的同时（喜剧当然正视优点，毕竟没有一个可爱的喜剧人物是毫无闪光点的恶魔），也直面了另一部分真相：我们都有弱点，我们都有懒惰、自私、贪婪的一面，我们都有想要放弃的时刻……这是人类生活的另一部分真相。《喜剧这回事》中有一段论述实在太过精妙，这里不得不直接引用原文：

> 喜剧，包含我们的人性和与生俱来的罪恶，我们滑稽可笑的生命与其中蕴含的深切痛苦——它将这两个极端照单全收。喜剧的精神是热爱人性且不必去原谅它。

喜剧公式的四个特点

生而为人，最重要的真相就是：人固有一死。我们即使接受了这一真相，依然会选择尽最大的努力来使自己生活得更好，具体的表现是我们会解决那些琐碎的现实问题：吃饭、喝水、上班打卡、应付考试、在周末的时候带着宠物出去春游……即使我们清楚地知道，这些行动并不能解决我们的终极问题，并不能使我们长生不老，我们也依然会做这些事。甚至多数时候，我们发现这些行动并没有达成我们想要的目的。快乐是稍纵即逝的，快乐之后，生活会回到原点，但我们还是会在新的一天开始时带着同样的期待，付出同样的努力。尽管有些人会彻底放弃希望，从而坠入深渊，但我们作为一个物种，从整体上来看依然是屡败屡战，屡战屡败，波浪式地徘徊，螺旋式地绕圈（我们当然希望能够波浪式地前进，螺旋式地上升，但是纵观整个生命历程，这种希望很难实现，这就是人性）。在这种艰苦而无望的探索中，在那些你感受失败或以为自己获得了成功的时刻，喜剧演员会冲到你的面前，告诉你："嘿，你看看我，大家都一样，这就是生活，反正我们都只能活着，一直活到死！"

让我们用一句话来概括生活的真相：我们所做的每一个决策都是为了让生活变得更好，即使最后一定会失败，我们也仍然坚持不懈地努力。喜剧就是对于这种真相的隐喻，所以卡普兰在《喜剧这回事》中给出的喜剧公式就是：

> 喜剧讲的是一个普通人，在不具备许多获胜必备的技能和工具的情况下，与无法克服的困难作斗争，遇到数不清的障碍，但从不放弃希望。

我们可以用这个公式来检验任何优秀的喜剧作品，下文将必要的特点一一列举。

- **普通人**：一个没有超能力的人，一个有优点也有缺点的人，一个最终会死的人。
- **不具备获胜必备的技能和工具**：主角没有全知视角，更没有直接解决问题的核心能力，甚至没有从一而终的坚定信念，他会经常受挫，经常动摇。
- **无法克服的困难**：困难无论大小，如果对主角而言非常容易克服，那它就可以被直接克服，喜剧就无法展开了。
- **从不放弃希望**：主角一直在试图克服困难，尽管他的许多次尝试都已经失败了，但他还在不停地尝试。正是在这个过程中，才能看出困难的“无法克服”，以及主角不具备获胜必备的技能和工具。

把其中的任何一个特点拿走，喜剧性都会大大减弱。如果你有一个素材，只具备其中的三个特点，那它可能是一个好的正剧素材，但绝不会是一个好的喜剧素材。在单口喜剧的创作中，我们如何利用这一喜剧公式呢?

第一，检查段子里的人物（包括你自己和你塑造的其他人物），看看这些人物是否展示出了鲜明的弱点或缺陷。这决定了这些人物的行动、语言是不是具有一致的逻辑，进而决定了观众能否把他们作为真实的人来看待。

第二，检查人物是否有明确的目的。当你在讲述一个你认为荒谬的事情时，你要么希望自己能理解这件事从而摆脱困扰，要么希望能说服观众感受到这种荒谬，从而获得观众的认同。**当你在讲述一段经历的时候，参与其中的每一个人物都应该有自己明确的目的，人物所有的语言和行为都应该是基于他自己的目的而产生的，而不是为了帮助你逗笑你的观众。**如果观众意识到这些人物的言行，都是为了逗他们笑，他们就会开始戒备，提高警惕，你就再也无法逗笑他们了。你需要做的是向观众展示人物为了实现目的付出的努力，而不是和人物合起伙来愚弄观众。

第三，检查是否有切实的困难，以及是否跟观众解释清楚了为何这一困难无法克服。对每一个人而言，无法克服的困难都是不一样的。在有些情况下，这与人物的缺陷、弱点有关，比如“社恐”的人无法当众进食。在另一些情况下，这与人物的目的有关，因为不同的人物有不同的目的，这些目的有时是相互冲突的。比如，我妈的目的是让我好好学习，而我的目的是多玩一会儿手机，我的困难就是我怎么能玩手机不被我妈发现。如果我妈不在乎我干什么，那我玩手机就没有困难了，也就不存在克服困难的过程了。有些失败的段子之所以失败，就是没有跟观众解释清楚困难到底在哪里，所以在观众的视角中，困住你的那个房间根本没锁门，甚至根本没有房间，就是一片空地，不知道为什么你就是不往前走，非要在原地徘徊。因此，一定要让观众看到切实的困难。对于一些比较个人化的困难，具体的做法是可以解释一下自己为什么不采用那个最常规的解决方法，比如“社恐”的人如果当众吃饭会面临哪些心理压力。

第四，检查是否展示了人物的内心活动。只有通过展示内心活动，观众才能意识到人物的“不放弃希望”。所以在写段子的过程中多检查人物的内心活动，看看是不是人物内心活动的每一个明显变化（如从兴奋到低落，从愤怒到尴尬，等等）都被你观察到并在段子中展示出来了。同时还要注意结合前面的几点，去检查你展示出的人物内心活动是否符合人物本身的弱点，是否指向人物要实现的目的，是否受到了困难的影响。要展示人物内心挣扎的过程，而不仅仅展示你思考的结果。

第五，需要强调的是，在绝大多数单口喜剧的段子里，最重要的人物就是你自己，你全部的任务就是通过各种各样的方式、事件来向观众展示，你作为一个普通人，是如何在不具备获胜必备的技能和工具的情况下，与无法克服的困难做斗争，但从不放弃希望的。请记住，“自己”才是单口喜剧永远的母题。

到这里，我们就讲完了关于喜剧公式的所有基本理论。在接下来的章节中，我们会逐一细致地分析应该如何检查与加强公式中的每一个要素。

“笑果”创作清单

- 我们提供的并非操作方法，而是检修工具。
- 好笑是一种主观的感受，而喜剧是阐述人类生活真相的艺术。
- 喜剧的公式：喜剧讲的是一个普通人，在不具备获胜必备的技能和工具的情况下，与无法克服的困难做斗争，但从不放弃希望。
- 在单口喜剧中，你就是那个“普通人”，可以有别的普通人，但只有你是必不可少的。

第 4 章

获　胜

在第 3 章，我们介绍了《喜剧这回事》一书中给出的喜剧公式，以及作为单口喜剧演员，如何利用这一公式检查自己的段子。在接下来的几章，我们将沿用这一思路，更加细致地拆分公式里的各个要素，探讨它们在单口喜剧的创作中能起到怎样神奇的效果。在这个过程中，你对喜剧公式的理解和认识可能会逐渐深化。如果可以，我当然还是希望你先读一读《喜剧这回事》，如果你的英语水平足够好，最好能阅读一下原文。

当你已经按照前文的内容，对自己的段子进行了粗略的检查，确保它已经基本具备了喜剧公式中提到的所有要素——普通人、不具备获胜必备的技能和工具、无法克服的困难、从不放弃希望时，你就可以采用下面的方法进一步对这些要素进行发展，以增强段子的喜剧性。特别要强调的是，做完这一步，并不代表大功告成，还要用另一些工具去打磨语言，使这些要素以最幽默的方式呈现给观众。与此同时，在改段子的整个过程中，都要保持对表达性的高度关注，时刻检查这些修改是否偏离了你最初的表达目的。

在喜剧里，“胜利”指的是在人物看来积极的，或者在特定的情景下有助于实现目的的任何事。比如，对一个在工作日的早上很不情愿地被闹钟吵醒的人来说，他的胜利就是在不迟到的前提下多睡一会儿。为了获得这个胜利，他会做一些什么事儿呢？他会关掉闹钟，然后告诉自己“再眯 5 分钟”；他会睡过头，在发现时间已经很紧张之后，在匆忙中穿衣、穿鞋，潦草地洗漱，甚至可能没有洗脸，只是拿手擦了擦眼屎；他会一路狂奔到地铁站，然后拼命挤上这一班地铁，在路上计算剩下的时间，并开始编造迟到之后用来欺骗领导的谎言……他可能会穿错袜子，会扣错纽扣，会把遥控器当成手机装进公文包，会因为没注意到脚下的香蕉皮而摔一个“狗吃屎”，会编出漏洞百出的谎言，这些细节都是具有喜剧性的，是可以逗笑观众的，但是构成这些喜剧性细节的基础并不是他想要逗人笑，而是他想要获胜，想要在不迟到的前提下多睡一会儿。

他有真正重要的事情要去做，所以他不会在这个过程中绞尽脑汁去想出一句“晚起毁上午，早起毁一天”之类的俏皮话。我们可以简单地把“胜利”理解为人物的目标，有了明确的目标，才能有无法克服的困难及“不具备获胜必备的技能和工具”这两个要素。

在获胜的过程中，唯一能决定他行为的，或者说唯一能对他产生限制的，只是他这个人的性格弱点。比如，因为他是一个不爱整洁的人，所以没有把第二天要穿的衣服整齐地摆放好；再比如，他是一个不缜密的人，所以在编谎的时候忽略了什么重大的事情而留下漏洞。获胜的障碍绝对不应该是他在路上遇到了一个故意要给他添堵的人。假如这个人出现在了这一情景中，而且这个人展示出的目的只是阻碍前者实现目标，即使他们发生了非常罕见且滑稽的冲突，观众也很难笑出来，因为这太假了。“机械降神”[①]会破坏故事的内在逻辑，“机械降蠢”当然也会。不过，这并不意味着在这个过程中就不可以出现别的人物了，只是当出现了一个新的人物时，即使这个人物只是一个配角，我们依然要为他找到属于他的目的：在地铁上想要穿过人群下车的暴躁大哥、一定要完成第一单生意的推销员、要一丝不苟地维护规则的领导……这些人物的目的和主角的目的会产生天然的冲突，他们彼此不了解且并不关心对方的目的，所以只会一门心思地推开面前的人甚至把本来不想下车的主角推下车、追着在忙乱中不小心穿了一双脏鞋的主角向他推荐自己的擦鞋套装、一针见血地揪出主角谎言中的漏洞并步步紧逼……他们都在做为了获胜而不得不做的事情。尽管他们

① 指意料之外的、突然的、牵强的解围的角色、手段或事件。

的行为看起来很滑稽，但他们的所有行为和语言的目的都不是“逗笑观众”，只有这样，他们之间所发生的冲突才会具备一种自然的喜剧性。

“获胜”在单口喜剧中的应用

获胜强调喜剧人物必须有非常明确的目的。在单口喜剧的创作中，我们展示的最重要的人物就是自己，所以当我们想要跟观众讲述一段个人经历的时候，需要不断地追问自己：

1. 在这个经历中，我的胜利是什么？我想要达到什么样的目的？
2. 我为了达到这个目的做了哪些事？（这个时候你可能会发现，你设计出的一些自认为很有趣的细节、对话，其实和你的目的完全没有关系，请赶紧把它们删了。）
3. 我做的这些事体现了我的什么弱点？（如果你在做事的过程中表现完美、滴水不漏，那这件事就不适合在单口喜剧的舞台上讲给观众，你可以在面试的时候讲给人事专员。）

一起来看一个例子，这是赵晓卉在《脱口秀大会》第四季第三期表演的段子：

前一段时间我去给我好朋友当伴娘。

……

刚开始就堵门嘛，然后我们几个伴娘就用肩膀顶着门。我当时真的顶得可努力了，我就在想，是不是只要我够努力，我就能阻止这段婚姻呀！然后顶着顶着我就发现，门缝有红包塞进来。你们知道吗，咱们的习俗就是伴郎把红包塞进来，伴娘拿了这个红包就要开门了，但他们没有人跟我说呀！当时我看到红包的第一反应是：考验我。真的，其他所有的伴娘都去抢红包了，只有我还在那里堵门，我还给了新娘一个特别骄傲的眼神，我说："你看，她们不行，只有我才是你最好的朋友！"

但是我堵着堵着就发现，我越努力，别的伴娘就越富有，最后实在顶不住了，外面的人就冲进来了。哇！看着那群伴郎胜利的嘴脸，我就好生气啊！我怎么这么蠢啊！这个门明明就能反锁啊！

在这个例子里，我们能很明显地看出来，晓卉贯穿全文的目的就是希望自己能当一个合格的伴娘，完成好自己在这场婚礼中的任务。为了实现这个目的，她努力地顶门、拒绝红包的诱惑，失败之后还进行了复盘，而真正阻碍她成为合格伴娘的，是她不了解一个重要的信息：堵门真正的规则是收到红包就开门，而不是把门堵死，永远不开。在这个段子中，晓卉和其他人物的目的本质上是相同的，其他伴娘和伴郎也都想完成自己的任务，而之所以产生冲突，是因为大家对这一任务的理解不同。我们可以设想一下，假如晓卉在当时就知道堵门的习俗，或者说她根本就不想认真地完成伴娘的任务，那这件事里的喜剧冲突就不复存在了。

除了讲述故事，我们还会在单口喜剧表演中论述一些观点。当我们想跟观众分享一个观点的时候，我们同样要检查以下几点。

1. 我讲这个观点，目的是什么？（可能是说服自己理解生活中的某些荒谬之处，也可能是说服观众，使观众和你感到同样的荒谬。）
2. 我为了达到这个目的，要说些什么？（你需要展示你为什么产生这样的观点，你需要给出更多的论据来证明你的观点，你需要通过“解释”或“解决”的思路来放大你所感受到的荒谬之处。）
3. 我的这些说法体现了我的什么特性？（是因为什么样的经历或性格特质，使你对这些多数人习以为常的东西不吐不快？这个内容可以参考第 1 章提到的“不常见”。）

再来看一个例子，这是张博洋在《脱口秀大会》第三季第二期表演的段子：

我发现这几个月在网上，有个特别奇怪的现象，就是崇洋媚外的标准好像在逐渐降低。以前，只有觉得国外一切都好的人，我们才说他崇洋媚外。现在变成，只要（有人）觉得国外有任何可取之处，我们就说他崇洋媚外。上个月，有位医生发表了一个观点，说："小孩的早餐应该吃肉蛋奶，不要吃粥。"被人骂上热搜。（那些人）说："肉蛋奶是外国的食物！吃肉蛋奶就是崇洋媚外！"看完我都蒙了，因为头一天晚上，我刚好吃了红烧肉、松花蛋和双皮奶。吃的时候我都没意识到，我吃的，原来是顿西餐啊！真的搞不懂。而且就算肉蛋奶来自西方，你骂这位医生又是什么立场？你自己打开苹果或谷歌公司开发的手机系统，通过专利至今属于澳洲政府的 Wi-Fi 技术，把辱骂性文字发送到由蒂姆·伯纳斯·李[①]教授开发的互联网上。发送内容竟然是别人崇洋媚外？这么抗拒现代的文明成果，你为什么要当"键盘侠"？你去当"算盘侠"呀！

这个段子提出的观点是：崇洋媚外的标准在逐渐降低，降低过后的标准是不对的。博洋希望让观众理解这种标准的荒谬性，

① 蒂姆·伯纳斯·李（Tim Berners-Lee），英国计算机科学家，"互联网之父"，万维网的发明人。——编者注

他给出的具体论述逻辑是：如果觉得国外有可取之处就是崇洋媚外，那么每一个人都在崇洋媚外，这其中也包括那些骂人的人。换句话说，博洋想让观众意识到坚持这种标准的人有多么“双标”。我们或许可以从许多角度批判“吃肉蛋奶就是崇洋媚外”这种观点，而博洋抓住了“双标”这个角度，并把这个角度讲得非常清晰和透彻。“获胜”提醒我们，当我们想用语言引导观众走上一条人迹罕至的思维小路时，我们作为向导必须清晰地辨认方向，避免带领观众走到歧路上。

还需要注意的是，当我们在段子里加入了新的人物，哪怕这个人物出现之后只说了一句话，我们依然要套用这个模板进行追问。你段子里的每一个人物都不能按照你的需要去说话、做事，他们得按照他们自己的需要。所以你在段子里也不需要刻意去构造冲突场景，因为每一个人有不同的需要，每一个人都有自己的弱点。人们的生活本身就是冲突，只要你让每一个人物都向着自己的“胜利”努力前进，冲突就会自然而然地产生。

随着你对这一工具使用熟练度的提高，你可能会渐渐不再需要逐一追问这些问题，但无论何时，只要你觉得自己的段子不够好或可以更好，都可以停下来问自己最核心的问题：**对人物而言，做什么意味着获胜？或者说，人物到底想要什么？**

最后，我们用这个理论工具拆解一个篇幅比较长的段子，将它作为范例展示给大家。这个例子节选自吉姆·杰弗里斯的个人专场《不宽容》[①]，他在专场中介绍了自己的一个弱点——乳糖不耐受，具体的表现形式是他吃完乳糖之后 40 分钟内一定会准时排便。然后他讲了一段约会经历，他和一个女生在法国餐厅约会，而第六道菜正是奶酪。

> 我看着这些奶酪，而这姑娘不知道我的情况。
>
> 我问服务员："吃完这顿饭需要多长时间？"
>
> 他说："也许 20 分钟。"
>
> 我说："20 分钟，我开车需要 15 分钟……给我上奶酪！"
>
> 奶酪被端上来，我大口地吃下去，然后我们又吃了两道菜。甜品来了，其中一道甜品几乎可以直接叫"乳糖"了。这是一块乳糖酥皮点心，旁边搭配乳糖泡、乳糖汁和一勺冰激凌。他们还当着我的面把乳糖酥皮撒在冰激凌上。
>
> 我看着这道甜品，心想："干脆一不做二不休！"
>
> 我把这道甜品吃了。我刚才没说，和我约会的女孩身材娇小，她吃到第六道菜就不吃了，我把她那份奶酪也吃了，还有她的甜品。乳糖在我的血管里

① 吉姆·杰弗里斯（Jim Jefferies）是澳大利亚著名脱口秀演员、编剧，其个人专场《不宽容》（*Intolerant*）由奈飞于 2020 年出品。

奔流，留给我的时间不多了。我坐在那里想："我们吃完了。"我一边听她说话一边（敷衍地）说："哦，有趣。"

服务员走过来说："二位想要咖啡吗？"

我说："（粗暴地）不！（尴尬地）结账吧，谢谢！"

结完账，我们要回我家了。我们约会了好几次，之前每次都去她家，这次我很高兴，因为我更熟悉我家的厕所，我知道距离多远，有很多因素要考虑进去。

因为要住在我家，她对我说："我们要去趟药房，我需要一瓶身体乳。"

我说："你需要？你确定你不是想要？"

她说："我需要。"

我说："我不知道你懂不懂想要和需要的区别，需要的意思是没它你就会死，所以你真的需要吗？"

她坚持声称她需要，所以我们去了药房。我们走进药房，对着满墙的身体乳，我想，"她既然需要，那她一定知道要拿哪种"，但是她开始对着这面墙看。而我，已经开始跳起了那种"我要拉屎"的舞步，我想"我不管了，我要拉屎"。药店后面有个卫生间，我跑过去。说到这儿我必须强调一下，她有洁癖。

她说："你干吗去？"

我想现在瞒着她也没什么意义了，我说："我要拉屎。”

她说：“如果你在公共厕所拉屎，那你就别想跟我进同一间卧室。”

我说：“这一招太狠了，真是个两难困境啊！好吧，那你快点。”

她继续挑身体乳，而我继续做着“我要拉屎”的运动。她还在挑，所以我做了一个所有男人都会做的，用来催促女伴的事情：我走出去，坐在了汽车里。我坐在车里，一直往后躺，努力深呼吸，我想如果我躺平，在重力的作用下，屎就不会出来，而且这个姿势能让我夹紧屁股，这样屎就算冲过了肛门括约肌，也冲不过我夹紧屁股构成的这道坚固防线。我这么坐着，通过药店的窗户看到她还在挑，于是我按了按喇叭，她生气地看了我一眼，走到柜台前，我想，“啊，她要结束了”。然后她遇到一个朋友开始聊天，我想我得加大催促力度，于是我把头伸出车窗，自动门一开我就冲里面喊：“我要拉裤子了！”我忘了我是个明星，这时候有个 14 岁的孩子滑着滑板经过，然后对我喊：“加油，吉姆！”她上了车，很不高兴，毕竟我一直在按喇叭和大喊。

她说：“你至于吗？”

我说：“没时间吵架！这不是演习！”

我紧踩油门，车横着飞出了停车场，我们在车流中穿梭疾驰，她抓紧扶手，身体乳满天乱飞，前面是麦当劳。

我说：“我可以去麦当劳拉个屎吗？它们的厕所是出了名的干净，我可以不坐下，我可以悬空喷射！”

她说：“不行。”

去我家还需要5分钟，去她家只需要3分钟，我决定去她家，这个决定让我遗恨终生，因为如果我们最开始就决定去她家，就不用买身体乳了。到了她家，我在漫长的停车道上停好车，我已经这样了（表演）：“快点儿！快点儿！”

她拿着钥匙，所以我跑也没用。她穿着高跟鞋，一边走一边在包里找钥匙，她已经不生气了，她只觉得好笑。我们走到门口，她笑得直不起腰来。

你们知道什么时候是非拉屎不可的时候吗？5分钟、5小时可能都能忍，但是当厕所近在咫尺的时候，你的肛门就开始自我奖励，你的肛门说：“我们胜利了！我们的团队取得了胜利！”

你总是刚赶到厕所就能刚好拉出来，这不是巧合，因为你的肛门有自己的大脑，这是一种条件反射。总之，我在门口喊“快点儿”，她走过来，把钥匙插进锁眼，钥匙掉了，钥匙掉在地上了，我拉出来了。粪便的气味弥漫在空气中，她终于着急了，连忙捡起钥匙。

我说："不用急了，现在就不用急了，你慢慢来！"

一起来思考下面这些问题。

1. 杰弗里斯的胜利是什么？

我的答案是不让乳糖不耐受毁掉约会。

如果你认为他的目的是上厕所，那么问题来了：他为什么不在药店或麦当劳上厕所呢？如果他只是想上厕所，那有洁癖的女友的威胁就对他没有任何效果了。正是因为他希望约会按计划进行，所以才一次次地失去了上厕所的机会。

2. 他为了达到目的做了哪些事？

询问服务员用餐时间，以确保自己能在 20 分钟之内赶到家里上厕所。

尝试说服女朋友并不需要身体乳。

尝试用按喇叭和喊叫的方式催促女友，赶紧挑好身体乳离开药店。

尝试通过改变坐姿和调整呼吸把屎憋住。

飞快地开车。

尝试说服有洁癖的女友，麦当劳的厕所很干净。

催促女友快一点找钥匙开门。

……

3. 这些事展示了他的什么弱点？

乳糖不耐受。

贪嘴（否则他就不会吃那么多含乳糖的食品）。

爱冒险（只预留了 5 分钟的时间）。

考虑问题不够周到（如果一开始就去女友家，就不需要买身体乳了）。

……

在这个段子里，“女友”这个人物也有自己的胜利，也为此付出了一些努力，大家可以自己思考并和你身边的演员朋友讨论，我们在此不做赘述。特别要注意的是，从表面上来看，是女友的弱点——洁癖，对杰弗里斯的胜利造成了很大的阻碍，但实际上还是他自己的弱点——好色，导致他没办法直接去公共厕所。假如他不近女色，他就可以在药店上厕所了。

/ “笑果”创作清单 /

- “胜利”指的是在人物看来积极的或能使他实现目的的任何事。
- 人物的每一个行为都应该是为了获胜，而不是逗笑观众。
- 在获胜过程中能对人物产生阻碍的，应该是他的特质和弱点。
- 如果段子里有很多人物，那每一个人物都应该有自己的胜利，有自己的弱点，不同的目的和弱点造成了人物之间自然的喜剧冲突。

第 5 章

非英雄

在第 4 章，我们介绍了“获胜”的重要性，强调了在单口喜剧中，包括演员在内的每一个人物都应该有自己明确的行动目的，正是因为不同的人物有不同的目的，矛盾才会自然而然地产生。我们还讲到，在获胜过程中，能对人物产生阻碍作用的，应该只有他的性格特质和弱点。在本章，我们要讨论的正是人物的性格特质和弱点。

“非英雄”并不是我们在日常生活中会用到的词语，我们可以把这个词拆开来理解，先来讨论一下什么是英雄。我在写到这里的时候，首先映入脑海的人物就是电影《战狼 2》里的主角冷锋（吴京饰），他无私、坚毅、有勇有谋，还具备强健的体魄，受过特种兵专业训练，在战斗中简直是上天入地、无所不能。如果我陷入危险，我肯定希望来拯救我的是一个这样的人。假如把赤手空拳的冷锋和 10 个持枪大汉关进一个密室里，谁会活着出来？当然是冷锋，因为编剧赋予了他获胜所需的一切技能，他完全有能力劈手夺下一个人的枪，然后把其他9个人打死。这就是英雄，他具备获胜所需的一切技能：假如他受伤了，他一定具备包扎和治疗技能；假如他被带到陌生的城市，他一定有良好的辨别方向和记路的能力；假如他要独自在野外生存，他就会有良好的烹饪能力，甚至还有良好的驯服野生动物的能力。这样的人几乎是全知全能的，即使有时候困难看起来太大了（如面对一辆碾过来的坦克），你觉得一个人无论如何也克服不了了，他也会在最后关头爆发出惊人的信念和力量，把这辆坦克举起来。但是，假如我们把《我爱我家》里的二叔贾志新和10个持枪大汉关进密室里呢？有些人应该已经有点想笑了，因为二叔不具备任何获胜的必备技能，他体能不足，胆小怕事，文不能测字，武不能卖拳，但即使是这样，他肯定也有非常强烈的求生欲望，一定不会轻易放弃。他可能会试图跟持枪的各位好汉谈判，给大伙让烟，油嘴滑舌地动之以情，晓之以理，求人家放他一马；也可能心中盘算着要假装配合骗取信任，打入敌人内部再伺机逃跑。这就是一个很好的喜剧雏形：一个不具备获胜必备的技能和工具的普通人，与难以克服的困难苦苦斗争，却从不放弃希望。

所谓的“非英雄”就是那些缺乏获胜必备的技能和工具的普通人，这里的获胜甚至不是指什么英雄壮举，仅仅是指在日常生活中举止得体恰当，这已经是很多喜剧人物不具备的技能了，他们并不知道自己应该做什么，并不知道自己做什么才合适，但他们很清楚自己的目的。就比如此时此刻正在赶稿的我，明明时间已经非常紧张了，可还是看了半集《我爱我家》。我当然应该在写完要交的内容之前心无旁骛地工作，不被其他任何事情干扰，但是这对我来说太难了，我不具备这样的专注力和定力。此时，对我来说的获胜是“按时写完稿件”，困难就是“我想要娱乐和休息”，我不是英雄，所以没办法控制住自己拿起手机的手，此时此刻的我就是一个非英雄。我们每一个人，在生活中的每时每刻其实都是非英雄。即使是在那些你觉得自己取得了常人难以取得的重大胜利，全身沐浴着主角光辉的时候，你也并不知道旁人是怎么看你的。请仔细想想，我们在生活中是不是经常会取笑别的非英雄？非英雄式的人物绝不是为了喜剧效果而刻意装疯卖傻、插科打诨，非英雄能制造出笑料的原因是，他们的弱点导致他们只能如此，没有别的路可以选择。他们的目的是获胜，喜剧性只是其行动的副产品，只有编剧希望逗观众笑，人物角色才无所谓呢！人物角色都不知道自己的行为会有观众在看。非英雄强调的是，要勇敢坦诚地展示人物的弱点，而不是掩盖它。

特别需要注意的是，非英雄只是不具备获胜必备的技能，并不是不具备任何技能，如果他不具备任何技能，就无从展示他的努力了，也就不会从不放弃希望了。

非英雄在单口喜剧中的应用

在单口喜剧中出现的每一个人物都应该是非英雄。前几章反复提到过一个概念，单口喜剧中最重要的人物，就是演员自己。实际上，这里说的“演员自己”也有很多不同的存在方式，比如，它既可以是此时此刻在向观众讲述的你，也可以是正在扮演其他人物的你，还可以是当时处在情节中的你。我们可以分别看一看这三种形式的“自己”如何展示弱点。

首先，此时此刻在向观众讲述的你当然希望把自己想讲的内容完全讲清楚，观众能很好地理解你，并且在你认为好笑的地方爆发出笑声。作为喜剧演员，你的目的是让观众理解你设置的笑点，付出的努力是认真创作了段子并且在台上尽力地表演。

然而在创作的时候，你写出的那些不常见的荒谬之处本来就有一种困惑的底色。你觉得这件事荒谬是因为你自己也无法完全理解它，所以你通过各种方法解释着你的困惑，展示着你试图理解的过程。假如你是一个全知全能的人，你是不可能对任何事物感到荒谬的，这些荒谬背后蕴藏的原理你了如指掌。如果你明明已经理解了一件事，却要在讲述时假装不理解，那么除非你是演技足以以假乱真的优秀演员，否则观众一定会感到自己被愚弄了，并会揭穿你，揭穿你的方式就是不笑。所以，你要去检查自己作为讲述者所说出的每一句话，是不是清楚地指向你真正的表达目的，你的弱点就包含在这个真正的表达目的之中。请注意，这里并不是说作为讲述者所说的每一句话都必须是实话，你当然可以撒谎，可以反讽，可以阴阳怪气，但是你的表达目的应该是真诚的，你说出的话应该是你真正想说的话，而不是你认为观众爱听或能让观众对你评价较高的话。如果你担心自己的语言技巧会让观众搞不清你真正的表达目的是什么，那就平铺直叙地说出最真实的想法。简单来说，作为一个非英雄讲述者，要在内容里体现你真实的视角，既不要假装聪明，也不要假装愚蠢，你所讲述的事情要让观众感觉到你不具备更好地理解和讲述这件事的必要技能，所以只能这样讲述，而不是为了好笑才这样讲述。

在表演的时候也是一样，作为演员的你在台上完全猜不到下一秒会发生什么，你自己可能会突然掉链子，如忘词或说错话；观众的反应可能会跟你预想的完全不一样；现场还可能会出现一些临时状况——有观众插话、话筒突然失声、有手机响了……你当然很想处理好所有状况，但是你也当然没有这个能力。非英雄的表演者要勇敢地展示自己没有这样的能力，硬着头皮去处理这些自己处理不了的情况，处理方法可能会非常愚蠢。比如，说错词之后试图挽回，但是越说越错；再比如，困惑地询问观众：“刚才这个好笑吗？但这并不是个笑点啊……”请注意，这句话能成立的前提是，这是一个真实的困惑，而不是一种技巧，你的语气中蕴含的潜台词应该是你实在不能理解观众为何发笑，而不是在居高临下地质疑观众的喜剧审美。也就是说，在问出这句话时，演员的位置一定是要比观众低的。不过，有很多演员在表演中“设计”了这句话，使得这句话本身越来越不真诚了。如果你是一个对自己有要求的演员，最好还是在发生意外的时候，真诚地说出你此刻的内心所想，哪怕这句话听起来不够聪明和幽默。

无论如何，即使现场发生了预期之外的情况，也不必强作镇定地去试图完美解决它。当然了，如果你真的能从容不迫地完美解决它也是很好的。我们强调的是假如你不能，便不必强求，你只要真实地展示你的困境，展示你当下的想法，展示你尽管不知所措却还在付出努力，观众很有可能会因为你在这些状况中展示的非英雄的一面，而爆发出意料之外的笑声。这就是单口喜剧演出独有的优势，我们的舞台上没有事故，不管发生了什么意外，只要能让观众笑，哪怕是嘲笑，我们也算完成了使命。在单口喜剧的舞台上，作为演员的你不需要是一个精密的、分秒不差的钟表，观众其实更愿意看到一个有很多小毛病，甚至是摇摇欲坠的钟表，但它还在努力地走完这一圈，哪怕这个钟表在台上已经垮成了一堆零部件，指针还在顽强地往下一格走，这才是好笑的。当然，这并不是说要在台上努力表演一个你并不是的破钟表。恰恰相反，任何一个真实的人都不可能是一个精密的好钟表，每个人都是破钟表，我们只是提醒你，你不必掩盖自己作为破钟表的那一面，那一面才是单口喜剧所需要的。当然，这并不代表随便一个破钟表在台上都能收获观众的笑声，你必须有足够的技巧和能力，才能充分展示自己是一个怎样的破钟表。只是在这之前，要先在台上坦然地接受自己是个破钟表的事实，不要尝试去掩盖它。

其次，扮演其他人物的你没有能力把自己完全变成那个人物，你只能尽力模仿他在语言、动作、外形上的一些肤浅的特征，来使观众意识到你现在已经是那个人物了。单口喜剧的模仿并不需要那么“像”，你作为一个非英雄的模仿者需要展示的仅仅是：目的（模仿他）、付出努力（模仿他的一些特征）、不具备获胜必备的技能（你既不是他，也不会易容或变身）。即使是最擅长模仿的单口喜剧演员，也无法实现“模仿他”的目的，但是能实现“使观众意识到演员在模仿某人”的结果。有些演员只要开始模仿就会收获观众的笑声，正是因为这些演员是很好的非英雄的模仿者，他们将特征抓得越准越夸张，越说明他们为了实现目的非常努力，也越说明即使他们如此努力，也无法成为他们要模仿的那个人物。假如一个单口喜剧演员在模仿人物的时候，能一瞬间变成那个人物，容貌、声音都分毫不差，观众会笑吗？观众只会惊呼。需要注意的是，有些地方演员并不是在模仿人物，仅仅是在转述人物的话，转述的目的就是把话里的信息传递给观众，演员完全有能力实现这一层目的。所以，演员在这里就不会展现非英雄的一面，转述行为本身也不会收获观众的笑声（但转述的内容可能会收获观众的笑声）。在涉及其他人物的时候，选择转述还是模仿要根据内容的需要，在这里我们只是想说，假如你认为自己在模仿，却没有收获预期的笑声，那请看看自己的演出视频，你很可能仅仅是在转述。

最后，我们再来说当时处在情节中的你。这部分“自己”和情节中的其他人物其实并没有本质的区别，所以我们将这些人物放在一起来讨论。对于这些情节中的人物，当我们已经套用了前文中的模板，对他们的目的、弱点、努力进行过追问以后，为了确保他们是非英雄，我们还应该追加一个检查：他（我）是不是知道得太多了？为什么我们无须用这个标准检查作为讲述者的自己呢？因为讲述者是现在的你，你知道就是知道，不知道就是不知道，你很可能都不知道自己不知道，所以不存在什么应不应该知道。实际上，针对讲述者，我们也已经做过同样功能的检查了，只不过我们给出的标准是“是否体现你真实的视角”。

情节中的任何一个人物都不应该具有全知视角，他们都只是活在当时，他们并不像作为讲述者的你，知道接下来发生了什么，知道自己看起来有多蠢，他们只是在努力地想要获胜，所以他们也不应该做一些像是能预知未来的事。比如，预感到这个经历会被你拿到台上讲成段子，所以抖一些机灵好供你加梗。尤其需要注意的是情节中的你，因为情节中的你是最容易受到作为讲述者的你干扰的一个角色，所以当你写到情节中的你的心理活动时，一定要多问一问自己：是我当时这么想的，还是我现在才这么想？是我当时真的这么想，还是我事后觉得应该这么想？问清楚之后，要忠实地表达这个想法的来源，而不是让当时情节中的你提前带上事后诸葛亮的视角。同样，你作为讲述者，也不应该对情节中的其他人物知道得太多，你能看到他们的行为语言，并以此为依据分析他们的心理活动，但是一定要向观众展示这个分析的过程，至少要展示出这是个推测。比如，“他当时一定在想……”，而不是直接说“他当时想……”，因为作为非英雄的你不会读心术，你不应该直接知道人物在当时是怎么想的。

下面来看几个例子，第一个例子来自鸟鸟在《脱口秀大会》第四季第二期的表演：

> 我这个性格没有办法演奏特别欢快的曲子。你们可能都听过一首曲子叫《赛马》，别人拉《赛马》就让你觉得那些马都活力四射，热爱比赛；我拉《赛马》就让人觉得那些马比什么赛呢？每匹马都是要死的。

这个段子向我们展示了单口喜剧中最简单的实现“非英雄”的方式：直接说出自己的弱点，并进一步指出这个弱点给自己的生活带来了哪些影响。第二个例子来自徐志胜在《脱口秀大会》第四季第三期的表演：

红绿色盲这个病对我生活造成的最大的一个影响，就是我过马路的时候是分不清红绿灯的。我第一次过马路看到红绿灯，还特别奇怪，我还去问过我们老师，我说："老师，为什么红绿灯这么重要的东西，要用两种这么不容易区分的颜色？"

老师都蒙了，说："因为这就是人类最容易区分的颜色。"

而且我妈知道我是红绿色盲之后，就一直跟我说，你过马路的时候，一定要等别人过的时候你再过。但这个时候就有一个问题，我总有自己过的时候吧？每到这个时候我都要在那里等，等一个人来，而且这个时候如果刚好是红灯的话，非常合理，我就在那里等红灯。但如果是绿灯的话，他会发现我也不走，但一旦他从我身边经过，我就会立马跟上去。就这么跟了四五个单身女性之后，我就发现了一个问题，这个女生一旦发现我跟上去之后，就会开始不自觉地加快自己的脚步，但是她们加快脚步，在我眼中意味着绿灯的时间已经不多了。

这个段子也是围绕演员的弱点——"红绿色盲"展开的，整体的展开方式和上一个段子一样，就是"我有什么弱点—这一弱点给我的生活带来了什么影响"，只不过这个段子在影响的方向上多走了几步，也就是说为了抵销上一个影响，主人公想出了一些办法，却又造成了新的影响。选择这个段子主要是因为，这个段子里出现了别的人物：过马路的单身女性。演员只是展示了这些人物的行为，即加快脚步，把解读的空间留给了观众。虽然观众大概率也只会做出“她们害怕了”的解读，但假如演员直接讲“这个女生一旦发现我跟上去之后，就开始害怕”，其实就是拥有了过多的信息，这样一来，人物的非英雄特质就被消解了，而后面的喜剧性情节“在我眼中意味着绿灯的时间已经不多了”就不成立了。通过这个例子我们可以看到，如果你希望人物能制造出尽可能多的笑点，那你就要让他保持愚蠢，保持非英雄，不要把你的智慧强加给他。

第三个例子来自何广智在《脱口秀大会》第四季第二期的表演：

> （我）去年也参加了这个节目，在节目里面也讲了很多关于自己特别贫穷的段子。其实关于自己贫穷的段子还没有讲完我就被淘汰了，现在回想起来特别的遗憾，因为我已经挣到钱了。

用这个例子主要是想强调非英雄所遇到的困难，它并不一定是常规意义上的“坏事”，而是从人物自身出发高度个性化的困难，这也符合我们在第 1 章中强调的“不常见”。比如，在广智的这个段子里，“挣到钱了”在多数人眼中是绝对的好事，但对

“关于自己贫穷的段子还没有讲完我就被淘汰了”的脱口秀演员来说，富有就会成为一个障碍。我们再往下挖掘，之所以富有会成为障碍，是因为演员既没有为了创作放弃财富的气魄，也没有取之不尽、用之不竭的创作灵感（假如有，他就不会为这些讲不了的段子心疼了）。这正是演员的非英雄之处。

最后需要说明一下，这一章所讲的非英雄和第 4 章所讲的获胜，可以看作一个问题的两个方面，获胜强调的是人物有明确的目的，人物是为了达成自己的目的在行动；非英雄强调的是人物有许多弱点，是这些弱点在阻碍人物达成目的。弱点和目的都是人物自己的。看得出来，哪怕只有一个人物，喜剧也可以成立。单口喜剧中最常展现出的一种冲突，正是演员本人的欲望大于能力而导致的内心冲突。我们不需要设定什么反面人物来和我们进行对抗，我们在期待成为更好的自己的过程中，不断挣扎着努力；我们在努力的过程中，不断地展示着各种各样的弱点，这个过程在我们的生命历程中不断重复，为我们提供了取之不尽、用之不竭的创作素材。“我”是单口喜剧里永恒的主角，所以我们要不断地向内洞察，加深对自己的了解，对自己了解得越多，越能看到自己作为非英雄的一面。无须刻意构建冲突，只要持续不断地生活，就能成为一个越发优秀的喜剧主角。

“笑果”创作清单

- 非英雄指的是缺乏获胜必备的技能和工具的普通人。
- 非英雄并不是一无是处的，他们也具备一定的技能，但是对获胜来说远远不够。
- 做出非英雄的行为是因为只能这样做，除了这样做别无选择，而不是因为这样做好笑。
- 段子里的每一个人物都应该是非英雄，单口喜剧演员从任何维度上来说也都是非英雄。
- 非英雄缺乏的必备技能中有很重要的一项——信息，即非英雄不应该知道那么多，他们应该迷茫、困惑且愚蠢。

第 6 章

信息量关系

人物是喜剧的核心，人物成立，喜剧才能成立。前几章已经讨论了喜剧人物应该具备什么样的属性，并提出在这些属性的作用下，喜剧的冲突会自然而然地发生。第 5 章提到了一件非常重要的事：人物必须有所不知。换句话说，就是人物知道的越多，故事的喜剧性就越弱。这也是由《喜剧这回事》中基本的喜剧公式推导出的。喜剧公式：

> 喜剧讲的是一个普通人，在不具备许多获胜必备的技能和工具的情况下，与无法克服的困难作斗争，遇到数不清的障碍，但从不放弃希望。

假如这个普通人意识到自己不具备获胜的可能，他还会坚持努力吗？不，任何一个普通人都会放弃希望的。比如，我们在过马路前会看红绿灯，是因为我们认为这样能使自己避免发生交通事故。但假如有一天，世界上所有的司机突然都被消除了关于交通信号灯的认知，一旦他们意识到汽车不会再红灯停、绿灯行了，他们也不会再看红绿灯了，会怎样？更具体地说，我们在日常生活中做了蠢事时也总是会想："早知道这样做没能使我感觉更好，我就不会这么做了。"有些朋友也许能做到不这么想，但是请注意，选择"不为做过的事情后悔"，也是因为你认为这样选择能使你感觉更好。我们都有趋利避害的本能，做出的每一件事都是为了获胜，所以我们一旦认识到自己无法获胜，就很有可能会及时放弃，避免浪费更多精力。如果想让人物一直不放弃希望，就必须让他有所不知，如不知道目前的境况如何，不知道自己的努力必然指向失败的终点。

另外，信息本身就是一种工具，假如人物知道自己在当前的境况下如何行动能直接从根本上解决问题，那么困难就会被克服，喜剧同样不复存在。人物之所以能坚持行动、屡败屡战，正是因为他所知甚少，不仅不知道自己该如何克服困难，甚至不知道自己不知道。搞清楚状况、获得更多的必要信息，本身也常常是喜剧人物的隐藏目的，或者说支线目的，喜剧中的经典桥段——误会，正是这一原理的集中体现。这对于单口喜剧演员最主要的启发，就是相较于插科打诨、说俏皮话，人物更应该花时间去搞清楚状况，即当他遇到一件不可思议的事情时，应该通过询问或试探，抑或是别的什么方式来试图搞清楚状况，而不是为了描述这件不可思议的事情想出一句绝妙的比喻。

那么，人物为什么会有所不知呢？是因为喜剧需要他有所不知吗？不，喜剧需要展示真实的人，而真实的人只能通过自己的眼睛看到世界，生活中不存在全知全能的人，所以喜剧中也不应该存在全知全能的角色。当然，喜剧中可以存在“自以为全知全能”的角色，因为“自以为全知全能”就是对自己的无知有所不知。

有一个客观事实是，当我们通过眼睛来看世界的时候，我们看到的并不是世界本来的样子，而只是我们所能看到的样子。假如你近视了，你便只能看到模糊的世界，这并不代表远处的那个人真的没有长五官。每个人只能通过自己看到的东西来建立对世界的认识，这里的“看到”，也包括感受到和经历过。这就是第 1 章中谈到的，我们要先了解自己的经历和性格，以此为基础去观察世界，才能够找到“不常见”。

对于同一个世界，每个人看到的东西都是不一样的，这并不是说每个人看到的东西没有共同点，而是说每个人看到的东西一定都有不同点。当我们选择了不同的参照系，就会找到或多或少的不同点。所谓的“不常见”，就是以多数人的看法的“最大公约数”为参照系，所找到的不同点。

需要注意的是，人物的信息量是会发生变化的，事情发生的当下没有人知道下一秒会发生什么，可是事情结束后，每一个亲历者都知道事件的结局如何。当我们在单口喜剧表演中讲述一件事情时，实际上是在回顾这件事，作为演员的我们拥有的信息量一定比事件发生当时的人物拥有的更多。我们在讲述时必须搞清楚，哪些是自己后来才知道的，哪些是自己当时就知道的，这两部分的信息是包含关系。也就是说，现在的“我”既知道自己当时的想法，又知道了一些事后才得到的新的信息。如果没有新的信息，那么“我”的叙述视角就不成立，甚至我就不会看到事件中的喜剧性，因为当时的“我”一定只能想到如何去解决眼下的问题，而不是此时此刻的自己看起来有多好笑。反过来，如果当时的“我”就知道后来会发生的一切，“我”就不会做出试图解决问题的行为，事件本身就不复存在了。叙述者所掌握的信息量，必须大于当事人的信息量。比如，第 4 章提到的晓卉当伴娘的例子，晓卉必须在事后了解堵门这一习俗的潜在规则，这个段子才能成立，如果晓卉一直像当时一样，以为伴娘就应该无视红包，用尽全力堵门，她就意识不到这件事中的喜剧性。

那么，观众应该掌握多少信息呢？为了方便说明，我们将与事件有关的全部信息以叙述者和当事人为分界点，分成三个区间。

第一，假如观众处于0和当事人之间。也就是说，假如观众对所发生的事件知之甚少，那么他们会云里雾里，处在一种极大的困惑和不安全感之中，他们无法理解事件里任何人物的行为，他们会自我质疑："我是不是没听懂？"在这种状态下，观众是笑不出来的，但是请放心，这种状态不会持续很久，因为他们很快就会想："哦，这个演员说话我听不懂，我玩会儿手机/神游一会儿吧。"这种困惑的状态能持续的时间和观众对演员的信任程度有关，如果你已经让他们爆笑了10分钟，他们或许会多给你一点儿耐心。但无论观众面对多么优秀的演员，如果观众掌握的信息量始终过低，那他们的耐心早晚会被耗尽。这显然不是观众希望得到的观看体验。如果观众和当事人知道得一样多，就会和当事人一样关注事件本身将如何发展，心里不断冒出问号："然后呢？"他们同样没办法放松下来，以一个完全的旁观者身份去看笑话。踩香蕉皮滑倒的人在当时笑不出来，他看不到自己的滑稽之处，他只关心自己摔得多疼，会不会摔死。同样，当观众不知道眼前踩香蕉皮滑倒的人会不会摔死时，也是笑不出来的。所以观众要比当事人知道更多，至少要多知道两点：①事件已经完全结束了，并没有对当事人（台上的演员）造成致命的伤害；②这个事件会被演员以好笑的方式呈现给"我"。

第二，假如观众处于叙述者和全知之间。也就是说，假如观众比演员知道的还多，那观众不会浪费时间在这里听演员重复自己已经知道的事情。假如观众只是跟演员知道得一样多，那请想象一下，观众知道你下一句话要说什么，这已经是噩梦一般的场景了吧。没有哪个演员会希望观众提前知道演员的梗。

第三，说到这里，答案已经很明显了，观众的信息量必须严格控制在当事人和叙述者之间的开区间里（如下）。

当事人（人物）<观众<叙述者（演员）

在这样的信息量关系之下，观众相对于当事人会产生一定的优越感，相对于叙述者会产生一定的好奇心（这确保了观众愿意集中注意力来听叙述者说话），观众在这样的心态下才是有可能笑出来的。在这个开区间里，观众的位置变化也会影响演出效果。如果观众太接近当事人，那么他们可能会需要反应一会儿才能理解演员在叙述者视角下说出的话，观众反应时间过长就没法笑出来了。如果观众太接近叙述者，他们就很容易猜到叙述者将会说出什么话，惊喜感会被大大削弱，观众同样没法笑出来。

信息量关系在单口喜剧中的应用

这个信息量关系需要我们在创作和表演的过程中时刻努力维持，具体的方法包括但不限于下面几点。

1. 在写段子的时候区分清楚当事人和叙述者的视角，不要混淆。第 5 章关于非英雄的应用内容中已经提到过如何做检查，在此不做重复。

2. 在给出信息的时候进行判断，区分一下哪些信息对观众来说是必要的，能帮助他们保持在上述开区间之中。具体的检查方式是，先看看你给出的信息够不够让观众理解你已经讲过的和即将要讲的内容，如果不够就说明你给的信息太少。再看看你给出的信息是不是能让观众仅通过简单的联想就猜到你即将要讲的内容，如果能猜到就说明你给的信息太多。判断上面两个指标的办法不是空想，而是去开放麦演出中尝试，观察观众的反应，如果他们不笑并且一脸蒙，那就说明是前者；如果他们对猜你的梗跃跃欲试，那就说明是后者。

3. 在给出信息的时候注意时机和步骤，不要一下子给出所有信息，要考虑观众的记忆负担。如果信息给得过早，观众就可能会忘记；如果信息给得过晚，就会显得非常刻意，观众的体验就像阅读侦探小说时，直到揭晓谜底前一刻才看到关键线索一样糟糕。我们依然以之前分析的吉姆 · 杰弗里斯的段子为例，看看他是如何给出观众信息的：

【在整个专场的最开始，杰弗里斯就已经告诉观众最核心的信息：他乳糖不耐受。】

我看着这些奶酪，而这姑娘不知道我的情况。

【此时的信息量关系：演员 > 观众 > 姑娘（人物）】

我问服务员：“吃完这顿饭需要多长时间？”

他说：“也许 20 分钟。”

我说：“20 分钟，我开车 15 分钟……给我上奶酪！”

奶酪被端上来，我大口地吃下去，然后我们又吃了两道菜。甜品来了，其中一道甜品几乎可以直接叫“乳糖”了。这里一块乳糖酥皮点心，旁边搭配乳糖泡、乳糖汁和一勺冰激凌。他们还当着我的面把乳糖酥皮撒在冰激凌上。

我看着这道甜品，心想：“干脆一不做二不休！”

我把这道甜品吃了。我刚才没说，和我约会的女孩身材娇小【这一信息在这里给出是因为该信息与杰弗里斯接下来的行动（多吃了一份甜品）直接相关】，她吃到第六道菜就不吃了，我把她那份奶酪也吃了，还有她的甜品。乳糖在我的血管里奔流，留给我的时间不多了。我坐在那里想："我们吃完了。"我一边听她说话一边（敷衍地）说："哦，有趣。"

服务员走过来说："二位想要咖啡吗？"【姑娘和服务生都不知道杰弗里斯乳糖不耐受，所以才会做出聊天和询问的举动，而观众知道这一信息，才能理解杰弗里斯的焦灼感。】

我说："（粗暴地）不！（尴尬地）结账吧，谢谢！"

结完账，我们要回我家了。我们约会了好几次，之前每次都去她家，这次我很高兴，因为我更熟悉我家的厕所，我知道距离多远，有很多因素要考虑进去。

因为要住在我家，她对我说："我们要去趟药房，我需要一瓶身体乳。"

我说："你需要？你确定你不是想要？"

她说："我需要。"

我说："我不知道你懂不懂想要和需要的区别，需要的意思是没它你就会死，所以你真的需要吗？"【只有观众知道杰弗里斯此刻真正的状况，才能领会这个问题背后强烈的情绪。】

她坚持声称她需要，所以我们去了药房。我们走进药房，对着满墙的身体乳，我想，"她既然需要，那她一定知道要拿哪种"，但是她开始对着这面墙看。

而我，已经开始跳起了那种“我要拉屎”的舞步，我想“我不管了，我要拉屎”。药店后面有个卫生间，我跑过去。说到这儿我必须强调一下，她有洁癖。【洁癖的信息在这里给出，同样是因为这个信息跟接下来的叙述直接相关，如果过早给出，观众会当成非重点信息遗漏或提早猜出杰弗里斯接下来要面对的困境；如果更晚给出，则观众无法理解下面这段对话的好笑之处。】

她说：“你干吗去？”

我想现在瞒着她也没什么意义了，我说：“我要拉屎。”

她说：“如果你在公共厕所拉屎，就再也别想跟我进同一间卧室。”

我说：“这一招太狠了，真是个两难困境啊！好吧，那你快点。”

……

作为单口喜剧演员，我们要始终记住一件事：我们并不比观众聪明。观众也经历过生活，也看过喜剧，所以我们能很容易想到的东西，观众往往也很容易想到。要想写出不那么容易被猜到的好段子，就需要比观众知道得更多（包括知道更多喜剧原理）、思考得更多（包括思考“我”是什么样的人）。同时，观众也不比我们聪明，所以如果想让观众一下子理解我们经过多年学习、辗转几夜思考出来的成果，就需要花更多的时间来研究如何简明清晰地展示这个成果，以及如何引导观众走上理解这一成果所必需的信息台阶。当演出效果不理想的时候，不妨回过头来检查一下表演中的信息量关系是否成立。

理想的单口喜剧表演过程像是在带领观众玩一个信息的拼图游戏，玩法是演员展示一块拼图，将它放在某个位置，然后展示另一块拼图，将它放在某个位置。不同拼图的位置看起来也许紧密相连，也许毫不相关。无论如何，当这一过程重复了无数次，最后一块图终于拼上的时候，观众会发出惊喜的感叹：啊！这幅拼图原来是这样的！我们既要向观众清楚地展示每一块拼图，又不能向观众详细地解释它们的位置与功能，以免观众脑补出整个画面。一次糟糕的单口喜剧表演可能是这样的：演员把整袋拼图一股脑地倒给观众（甚至可能还夹杂了几个硬币），然后像变魔术一样一顿操作，最后给出一幅图，观众要么觉得“啊！那堆拼图可不就得拼出这么一幅图吗”，要么觉得“不对，这压根就不是我们刚看到的那些拼图，他调包了”。要想实现“完美拼图”的过程，有很多具体的操作方法，如通过调整语序来确保关键信息出现在段子的最后，但这些方法的效果因人而异，需要大家在开放麦表演的过程中自觉地不断探索并加以练习。我们在此仅举一例，来让大家感受通过巧妙地设计给出信息的时机，能实现怎样的喜剧效果。这是鸟鸟在《脱口秀大会》第四季第三期表演的段子：

> 我知道美人和普通人面对的世界是完全不同的，连死亡都无法消灭这种差距。上世纪（20 世纪）80 年代，在我国西部出土了两具 3 800 年前的人类遗体，人们把他们命名为“楼兰美女”和“干尸二号”。这事其实是我编的，但你们是不是觉得特别合理。

当观众以为鸟鸟所说的“美人和普通人面对的世界完全不同”指的是两具尸体的不同命名方式时，鸟鸟给出了一个颠覆性的新信息：这件事是假的。在这之前，观众不觉得这件事假，这说明观众一定在过去的人生经历中对这种区别对待习以为常了，这种习以为常更加深化地表现了演员所说的话：美人和普通人面对的世界完全不同。请试想一下，假如鸟鸟说：“我知道美人和普通人面对的世界是完全不同的，连死亡都无法消灭这种差距。我编了一个事，但你们肯定会觉得特别合理：上世纪（20 世纪）80 年代，在我国西部出土了两具 3 800 年前的人类遗体，人们把他们命名为‘楼兰美女’和‘干尸二号’。”其中的讽刺意味就会荡然无存。

“笑果”创作清单

- 每个人都只能用自己的眼睛看到世界，所以无法对世界建立真实全面的认识。喜剧人物也只能从自己的眼中看到世界，人物必须有所不知。
- 叙述者必须比当事人知道得更多，观众知道的信息量则介于两者之间。
- 要努力维持“当事人（人物）< 观众 < 叙述者（演员）”的动态平衡，要仔细地筛选信息，谨慎地给出信息，要结合开放麦演出实践进行检验。

第7章

有所隐喻的人物关系

第6章谈到，喜剧存在于人物的眼睛里，喜剧展示了一个人物如何用自己的眼睛，看到一个与众不同的独特世界。作为创作者，假如我们现在已经知道，人物看到或感受到了什么，那么如何把这种抽象的感受尽可能具体地传达给观众呢？我们可以采用比喻这种修辞手法。事实上，人物在喜剧中的每一个感受都可以用比喻的方式来展现（关于比喻，第12章中将重点讲解），而人物产生感受的最常见原因，是他和其他人物发生了互动，产生了关系。如果说人物是喜剧的核心，那么关系则是人物存在的方式。只有在关系里，我们才能通过人物之间的语言和行为，看出人物对彼此的看法，看到人物的性格特征与缺陷，进而看到人物看待自己所生活的世界的方式。

需要特别注意的是，这里的“人物”不是仅仅指生物学意义上的人类，而是泛指在喜剧人物眼中有主观意识和行为能力的一切事物。比如，当主角脚踩到香蕉皮滑倒了，他愤怒地捡起香蕉皮扔进水沟里，在这个场景之中，主角之所以对香蕉皮施加了报复行为，是因为在他眼中香蕉皮是故意捉弄他的。显然，他是把香蕉皮当成人来看了。再比如，詹姆斯·艾克斯特在其专场《拿手剧目》中有一个跟胶带吵架的片段，他甚至直接给胶带设计了台词。这并非创作者为了使喜剧更好笑而凭空捏造的桥段，人们在日常生活中也经常有这样的行为。比如，父母为了安抚被硬物撞到头而号啕大哭的小孩，会用手拍打这个物品并说着："××坏！你看妈妈打它！"究其原因，或许是对人们来说，相对于自己受到伤害是因为自己不够谨慎而言，人们更愿意接受自己受到的伤害是由于对方的主观恶意。这些场景之所以具有喜剧性，是因为当我们把伤害我们的事物当成人来进行反击的时候，观众能明显意识到我们仅仅是为了追求一种心理安慰，观众从这种行为中能看到人物对这些伤害的无能为力，人物在这种情境中展示了自己作为非英雄的一面。

在喜剧中，为了展示在人物眼中的表层关系之下的本质关系，我们常常采用隐喻的方式。艾克斯特在其专场《拿手剧目》中，就大量使用了有所隐喻的人物关系，如他讲述了自己以喜剧演员身份卧底黑帮的故事：

警监："你为什么要把卧底的事当成段子在台上讲出来呢？"

艾克斯特：“因为我已经没有别的素材了，你要是不想让我讲这个，你就别给我接那么多演出！”

警监：“那可不行！我也是卧底，我的卧底身份是喜剧演员的经纪人，我不给你接演出的话就暴露了！”

这个片段其实已经很难称得上隐喻了，因为艾克斯特为表层关系和本质关系找到了一个很好的联结点：卧底的双重身份。这个例子能很好地帮助我们理解何为“有所隐喻的人物关系”。在这个例子中，二人表面的身份是喜剧演员和经纪人，在这个表面身份之下，二人合理的对话应该是喜剧演员要求经纪人多接演出，经纪人要求喜剧演员多更新内容，提高演出质量。二人的实际对话刚好相反，经纪人要求演员不要讲新段子，演员要求经纪人少接演出，这是不合逻辑的，但是如果考虑到他们的真实身份是两个卧底警察，这个对话就非常合理了。在“有所隐喻的人物关系”中，人物有一些与他们的关系不匹配的言行，当我们以“言行”为起点进行倒推，去思考这些言行在什么样的人物关系下才是合理的，便会看到表层关系之下的本质关系。

再比如，艾克斯特在专场中讲述了自己跟黑帮大哥为了烤箱手套而争执的故事。黑帮大哥买了一副连在一起的烤箱手套，而艾克斯特认为烤箱手套应该两只分开，黑帮大哥的反驳方式是："Oven gloves，shimoven gloves."（一种语音游戏，如果翻译成中文大概是：你说那叫烤箱手套，我这个是烤箱"叟套"。）很明显，这种对话不应该发生在黑帮里，应该发生在两个小学生之间，这就是艾克斯特对二人关系的一种隐喻。听完整个专场，不难发现，关于卧底的整段内容其实都是杜撰的，这也是一个比喻：艾克斯特不知道自己到底是谁，这种感觉就好像一个卧底黑帮多年的警察，已失去了确定的身份认同一样。

再比如，艾克斯特讲述自己被一个法餐店的店员嘲讽，几天后他再路过那家法餐店时，看到那个店员"像个阴险的小人一样"在给客人拿面包。观众能很明显地感受到，当艾克斯特用"像个阴险小人一样"来描述这个店员时，在他眼中，他们就不再是店员和客人的关系了，他把这个店员当成是与他有着"深仇大恨"的敌人。这种隐喻关系也印证了他在讲这个故事之前做的自我介绍："我的内心充满了怨恨。"他的人物特征通过"有所隐喻的人物关系"得以清楚地展示。

有所隐喻的人物关系在单口喜剧中的应用

从前面的论述里能明显地看到，在人物关系的隐喻中，本体（表层关系）和喻体（本质关系）之间的共同点就是言行。这是因为在日常生活中，表层关系并不能完全决定人与人交往时的言行，没有人是靠着逐条背诵“恋人言行规范”来谈恋爱的。表层关系仅仅意味着这段关系被称作什么。在人与人的相处中，在每一次交流互动中，双方的言行都是在各自的视角下，基于当时的感受，从当时的情境中自然而然地生发出来的。因此人物就有可能在自身性格特点、视角和情境的共同作用下，做出不符合表层关系的言行。所谓本质关系，实际上并非对关系进行定义，它仅仅意味着“这些言行更常见于生活中的哪种关系”。因此，如果要构造“有所隐喻的人物关系”，正确的流程应该有三步。

第一步：确定表层关系

这一步往往很简单。你们是亲人、恋人还是朋友，抑或是师生、服务员与顾客、老板与员工？在这一步中最需要注意的是，人和人的关系常常是复杂多样的，如“亦师亦友”。在这类情况下，我们应该把这些关系中相对而言互动模式更为固化的那一个介绍给观众。如果你们“亦师亦友”，那么你应该跟观众介绍对方是你的老师，这样观众才会把自己对于师生关系的经验代入，在这种预设下，你们的言行才更容易让观众感受到“不合理”，进而让观众意识到你们的隐喻关系。朋友是一个过于宽泛的关系，可以发生在朋友之间的互动实在是太多样了，所以在朋友身份下，“合理”的范围是更大的，观众更难以感受到“不合理”。在“有所隐喻的人物关系”中，“朋友关系”简直不能算作一种关系，它必须有更多的限定词，比如，“5 岁女孩之间的朋友关系”或者“已经维持了 50 多年的朋友关系”。因为只有这样的描述才能让人自然地联想到一些固有的言行。

所以，在确定表层关系的时候，应该以“是否有典型的行为方式”为标准来进行检验，满足这个标准的关系才可以作为素材使用。需要注意的是，此处的“不合理”指的是不符合大家对表层关系的固有印象，并不是指完全不符合逻辑，恰恰相反，人物的言行必须在此时的情境下非常符合逻辑。与人物的目的、性格和弱点密切相关，才能使观众信服，才能使观众自然地联想到本质关系。后文中的“不合理”同样是这个意思。

第二步：回顾人物的语言

在单口喜剧中，由于表演形式的限制，可能会更多地呈现人物的对话，所以这里以对话为例。在创作实践中，人物的行为同理。在确定了表层关系之后，就需要去回顾人物当时的语言。

注意事项：

1. 这里的语言既包括说话的内容，也包括说话的语气、神态等非内容因素，因为同一句话对不同的人说，语气、神态肯定是完全不同的。反之，即使内容完全符合表层关系，我们也可以通过语气、神态等细节来让观众感受到“不合理”。

2. 在这一步，先不要急着代入喻体，以免为了明确本质关系而强行捏造出一些不符合人物和情境的语言。要先真实地描述当时的语言。如果是虚构的事件，就要回到“获胜”和“非英雄”的章节，按照人物的目的和弱点，来设计人物的语言。这一步最重要的标准应该是在表层关系、人物性格和情境的前提下，对话必须真实可信。虽然表层关系不能完全决定人们的交往方式，但每个人都有一些关于关系的常识，这意味着即使是在极其特殊的情境中，有些话也无法对特定身份的人说，一旦你的段子里出现了这样的话，观众就会觉得自己的常识受到了挑战，他们就会觉得你说的话不可信或不可理解，你就很难再逗笑他们了。
3. 在这一步，可以先尽可能完整地描述整个对话，不必以是否指向本质关系为标准来进行筛选，以免遗漏一些重要的细节。
4. 这里的语言最终是以模仿还是转述的形式出现，取决于你的表达需要。

第三步：找到本质关系

从你和人物的对话中挑出那些不合理的部分，判断这种说话方式符合生活中的哪种关系——这就是本质关系。然后，就可以在不损害对话完整性的情况下，着重地在段子中展示这些不合理的部分，直接或通过暗示的方式向观众揭示本质关系。

注意事项：

1. 检查要展示的部分，看看上下句之间衔接是否流畅，以及是否同时符合情境下的表层关系和固有印象下的本质关系（如果第一步的检查已经做好，那么这一步应该不会出问题）。
2. 与第一步相同，这一步中的本质关系也必须是有典型行为方式的关系。表层关系和本质关系的差距与喜剧效果呈正相关关系，比如，“夫妻关系看起来像情侣关系”显然不如“夫妻关系像上下铺的兄弟关系”[①]有趣。
3. 以上是这一步最为理想的情况。有些时候从对话里找不到“不合理”，也可能找到了“不合理”，但无法找到对应的本质关系，那说明这段对话的荒谬之处并不体现在表层关系和本质关系的差距上，我们就不应该强行构造隐喻，因

① 这是思文在《脱口秀大会》第一季第三期表演的段子。

为这并非最合适的处理方式。

在创作实践中，我们很可能是从中间的某个步骤开始的。比如，我们会直接意识到某句话表达得似乎很像另一种关系，这时也不必强行回到第一步，只需要凭借本能去写，写完之后按照上面的步骤进行检查即可。下面来看一个例子，这是赵晓卉在《脱口秀大会》第三季第四期表演的段子：

以前我兼职做脱口秀，他们都不知道，我就是开会的时候偷偷写段子，太刺激了。后来领导知道了就找我谈话，跟我说："你跟这个脱口秀，多久了？"

我说："两年多吧。"

他说："两年多？全公司都在搞新车项目的时候，你在搞脱口秀？"

我说："领导，我跟这个脱口秀只是玩玩而已。我心里只有咱们公司。"

他说："你太让我失望了，我面试的时候怎么没发现你是这种人。"说完要看我上个月的业绩考核表。

我当时就生气了，我说："你不相信我。一份工作最重要的就是互相信任，你这种行为已经打破了这种信任。"

而且我觉得他有点不懂事了，我不过是犯了一个所有普通员工都可能犯的错误。

在这个段子里，晓卉把自己和领导的关系隐喻成了出轨者和配偶的关系，其中用到的语言既符合“做兼职被领导发现”这一语境，又能很快让观众联想到“出轨被抓”的情况。从这个例子中可以看出，要想构建有所隐喻的人物关系，最重要的就是找到特定条件下的表层关系与本质关系之间的交集，这就要求我们必须按照前面给出的步骤去检查段子。

再来看一个例子，这是呼兰在《脱口秀大会》第四季第一期表演的段子：

后来我就在想“内卷”的事，我就想说是不是在很早之前，鹦鹉是不用学人说话的。就是有一只鸟嘚瑟，想要自我实现，在那说：“你好！你好！”它以为人类听完的反应是：这只鹦鹉真的是生物学的奇迹！其实人类的反应是：这只会说，那其他的应该也会说啊！一旦“卷”起来，都不用人做啥，鹦鹉说人话就出现了鸟传鸟的现象。当鹦鹉习惯了天天得说“你好”的时候，又有一只鹦鹉跑出来说：“恭喜发财！恭喜发财！”你知道其他鹦鹉听到这句话有多崩溃吗？追着这只鹦鹉就骂：“就你会说话！就你会说话！就你会说话！我这么会说话，我说了吗！”

这个段子是在用鹦鹉和主人、鹦鹉和其他鹦鹉的关系来隐喻在“内卷”的大环境下，竞争者和评判者，以及竞争者之间的关系，对“内卷”的起因给出了猜想：竞争者以为自己的突出表现能使自己获得更多资源，而评判者只会因此提高对其他竞争者的要求。这段内容切中了当时的社会痛点。这个段子也向我们展示了一种很好的思路：我们可以模仿很多经典寓言的写法，用动物来隐喻人类社会。

最后，还是要强调：人物之间的本质关系，是被找到并且被揭示出来的，是本来就存在于人物的关系之中的，而不是为了喜剧效果故意构造的，所以即使在一个有所隐喻的人物关系中，人物的言行依然应该符合我们之前所讲到的每一个标准。在一段有所隐喻的关系中，可以是两个人物都进入了本质关系的行为模式，也可以是只有一个人进入了，另一个人依然按照表层关系来给出反馈，此时的隐喻依然是完整的。比如下面这个例子，这是李雪琴在《脱口秀大会》第三季第六期中表演的段子：

> 我把我老板的车烧了个窟窿，他没让我赔，还不跟我提这事儿，我觉得他肯定是暗恋我。那段时间呐，我真是有一种铁树开花的感觉。我天天观察我老板，寻找他爱我的证据，结果证据没找着呢，我老板把我骂一顿，他说我不好好工作，天天鬼鬼祟祟的，说啥就要扣我工资。给我气的呀！你们说这男人啊，多有意思，还没结婚呢，就会从媳妇儿

手里抠钱了。后来我琢磨这老扣钱也不行啊！你说他老搁那儿欲擒故纵，我也不能一直守株待兔啊！要不我也故纵一下吧，我就跟他说我不干了。然后他看了我半天说："可以。"我就蒙了呀，这不闹呢吗？我本来想声东击西，这怎么还打草惊蛇了呢！我说那什么，你不挽留我一下吗？咱俩这老些年，你想想，除了工作，咱俩之间就没有别的事儿吗？我老板说："啊，我想起来了，我从德国订的配件到了，你赶紧把车给我修了。"

在这个段子中，李雪琴进入了"恋爱"的行为模式中，把"老板要扣我工资"解读成"他会从媳妇儿手里抠钱"，而老板则并没有也不需要进入"恋爱"的行为模式，恰恰是李雪琴单方面进入隐喻的行为模式，体现出了她作为非英雄的一面：她没有正确地理解自己和老板的关系，导致了误会的发生。

总而言之，人物的言行可以不符合表层关系，但必须符合人物的性格和当时的情境。对一个喜剧作品来说，相比于"是否具备有所隐喻的人物关系"，人物的塑造是否真实可信才是更为重要和必要的。

⁄ “笑果”创作清单 ⁄

- 关系是人物存在的方式，人物的世界观要通过人物在关系中的表现来展示。
- 有所隐喻的人物关系揭示了人物眼中对关系本质的认知。
- 通过人物在表层关系中做出的不符合表层关系的言行，观众得以看到本质关系。所以，在有所隐喻的人物关系中，本体和喻体的共同点是人物的言行。
- 人物的言行必须既符合表层关系和当时的情境，又符合观众对本质关系的固有印象。
- 并非所有的人物关系都包含隐喻，不必强行构造有所隐喻的人物关系。

第 8 章

世界观

在喜剧创作中，要想塑造出一个有魅力的、能给观众留下深刻印象的人物形象，应该让人物满足哪些必要条件？结合我们的观演经验和前几章中的论述，我们应该很容易得到一个答案：他必须有显著的特征，最好是一个显著的缺点（这是一个必要不充分条件）。比如，我们在喜剧中设置了一个非常胆小的人物，他提心吊胆地生活，小心翼翼地观察着周围的一切，一旦有风吹草动就被吓破了胆。一个这样的人物，随着情节的发展，往往会走向两种陷阱：要么，随着观众对其人物性格的熟悉，他的行为越来越容易被观众预判到，观众会对这个无聊的胆小鬼逐渐失去兴趣；要么，由于剧情发展的需要，我们不得不让他具备一些别的特点，新的特点所导致的行为和原先的胆小特质并不兼容，他成了一个不可信的“工具人”。之所以会出现这些问题，是因为此时这个人物的状态是一维扁平的，我们只知道（或者说只规定）他做了什么，却没有真正地回答他为什么要这么做，我们只是在片面地描述其行为的某一个特征，却不曾为他的行为设置一个稳定的规则。

现实生活中的人正是所有喜剧人物的原型，结合我们的生活经验，不难发现，人物的行为方式实际上是由其思维方式决定的，但思维和行为并非一一对应的关系，不同的思维可能会导致某些相同的行为。比如，“认为消费信贷软件完全没用”和“认为消费信贷软件特别有用”的人都有可能关闭它，前者的逻辑是“既然没用，那不如关了”，而后者的逻辑可能是“消费信贷软件会使我产生依赖心理，进而养成错误的消费习惯，所以要防患于未然，彻底消灭诱惑”。同样的思维也可能会导致截然相反的行为选择，比如，“认为消费信贷软件完全没用”的人也可能不关闭它，他的逻辑可能就是“虽然没用，但也不必专门进行关闭操作”。所以，稳定的思维方式并不意味着人物的所有行为都必须展示出同一个外在的特点。反之，如果人物的所有行为都展示出了同一个外在的特点，那观众可能反而更难理解他的思维方式。

要想让喜剧人物更加贴近我们在生活中看到的人，更加真实可信，更加有血有肉，就不应该规定他的每一个行为，而应该去探究他是如何以自己的方式来看待这个世界的，也就是人物的世界观。

在情景喜剧《武林外传》[①] 中，有一个人物叫白展堂，他曾经以偷窃为生，而且一直没有落网，所以他尽管武功高强，却特别害怕政府机构的工作人员和知道他“盗圣”身份的人。在他眼里，只要有形迹可疑的人，都是六扇门派来抓他的，这使他一直表现出一种极度谨慎、胆小怕事的行为特点，因为只有足够警惕并有能力随时对危机做出反应，他的内心深处才能获得一种安宁。他并非生来如此，而是相比于任性妄为，直到有一天锒铛入狱，他不得不谨言慎行，才能使自己的生活更轻松和快乐一些。这是他明确、独特的看待事物的方式。需要注意的是，这并不是“一个胆小的人如何看待世界”，而是“一个在逃多年的重案犯如何看待世界”。是经历塑造了他的世界观，他如此看待生活是因为在他的身上曾经发生了些什么，他的世界观是基于一些事实，而非基于描述形成的。

然而，在第 45 集《通缉犯转眼成病患，阶下囚洗心重做人》中，却出现了这样的场景：

（同福客栈，清晨，白展堂吃完早餐准备出门）

白展堂：“走了。”

佟湘玉：“这么早上哪儿去？”

① 由尚敬导演执导，北京联盟影业投资有限公司于 2006 年出品。

白展堂：“清水衙门一日游。”

（捕头燕小六匆忙闯入客栈大堂，直奔桌上的馒头）

燕小六：“完了，完了，掌柜的有馒头没有？正好给我来几个！”

佟湘玉：“啊？这么着急？”

燕小六：“娄知县紧急出巡，刚通知的！”

白展堂：“出巡？上哪儿去啊？”

燕小六：“我哪儿知道啊！巡到哪儿算哪儿吧。我先走了，这馒头记账啊！”

白展堂：“等会儿，这一出巡，衙门不就没人了吗？”

郭芙蓉：“你还去不去衙门了？”

白展堂：“等有人了再去，闯空门，我掏出牌子给谁看啊！”

……

白展堂平时对官府人员避之唯恐不及，这一天他为什么突然要“自投罗网”呢？这是因为他获得了一块免罪金牌。在之后的情节中，他一改往日的胆小做派，在县衙对着知县破口大骂，因为免罪金牌不仅改变了他在逃重案犯的身份，还使他拥有了特权，于是他开始了报复性的大胆行动。如果看完了全剧还能发现，白展堂的胆量和免罪金牌息息相关，可以说他视这块金牌如命（这块金牌也确实能保住他的命），这种看待事物的方式，还会作用于他和其他人物、事物的关系。比如，他平时对佟湘玉百依百顺，但是为了这块免罪金牌，他下意识地对佟湘玉使用了“葵花点穴手”。正是这种独特的世界观，创造出了无数“情理之中，意料之外”的喜剧桥段。

世界观在单口喜剧中的应用

演员是单口喜剧中最重要的人物，我们早在第 1 章“找到不常见”这一节中就提到过。单口喜剧演员要不断追问自己“我是什么样的人”“我为什么成为这样的人”，以此为前提条件，再去观察自己所身处的世界，这实际上就是要对自己的世界观有所觉察。优秀的影视剧、舞台剧的演员借助人物小传了解角色的过往经历，揣摩角色的人物性格，从而“进入角色”，设计出贴合人物的表演细节。单口喜剧演员不需要在舞台上“成为”其他人，演员越了解自己，在舞台上能展示出的魅力就越丰富多样。如果你是一个平和的人，那你不需要为了增加舞台表现力而强迫自己亢奋；如果你正处在人生的迷茫阶段，那你也不需要在舞台上假装一副睿智而坚定的样子。你需要做的事只是追问，通过追问来了解自己的平和或迷茫之下，隐藏着什么样的内在逻辑。

在了解自己的基础上，我们应该如何在段子里展示自己的世界观呢？需要明确的是，我们在段子里只能“碎片化”地展示世界观。即使不在段子里，我们也无法完全向另一个人展示自己世界观的全貌，碎片化的世界观其实就是我们对某些具体事物的看法或观点。

展示世界观的方式主要有两种。一种方式是直接介绍自己的看法和观点，比如，詹姆斯·艾克斯特在专场《拿手剧目》中直接说：“我的内心充满了怨恨。”观众听过这句话之后，就会意识到他是一个比较“小心眼”、睚眦必报的人，也会带着这一信息去解读他之后的表演，逐渐加深和完善对他的认识。使用这种方式的时候一定要仔细地推敲自己介绍的内容，确保它是清楚准确的。这里的准确不是指真实，不是说你确实有这个观点，而是说你在这里给出的介绍要跟之后的演出内容相匹配，或者说，你给出的介绍应该是之后演出内容成立的必要条件，而不能与之后的演出内容无关。比如，徐志胜在介绍了自己是红绿色盲之后，才能说：“但是她们加快脚步，在我眼中意味着绿灯的时间已经不多了。”介绍时要尽量去描述事实，而不要去下定义，比如你可以说“我吃素”，但尽量不要说“我是一个素食主义者”。因为相比于前者，后者的内涵更为复杂，解读的空间更大，观众的想象力会飞向四面八方，然后带着各自的联想来解读你之后的表演，这对演员来说是一件非常可怕的事情。我们要找到最高效的介绍方式，从而能在提供必要信息的同时，避免观众进行不必要的联想和思维发散。

另一种方式是不做直接的介绍，仅通过具体的事件来让观众自行解读。比如安东尼·杰塞尔尼克的绝大多数段子都能让我们解读出他对儿童缺乏善意。

事实上，无论是哪一种方式，都必须借助具体的事件，所以两种方法的区别在于，在展示事件之前是否进行了介绍。在选择这两种方式的时候，要考虑的是给出信息的效率：如果不介绍看法、观点不影响观众对事件的理解，那么就直接讲事件；如果不介绍看法、观点，观众理解事件时会存在困难或者有产生较大误解的可能性，那就先介绍看法、观点。无论如何，都必须通过我们面对具体事件时的行为，来向观众展示我们的世界观，因为我们也正是从处理具体事件的经历中逐步认识自己的世界观的。

对于段子中的其他人物，是否进行世界观设定是一个可选项。因为相比于影视剧或者舞台剧，单口喜剧中的配角戏份是非常非常少的，绝大多数人物都只在某一个段子里短暂出现，台词不超过 5 句话。对于这些人物，我们既没必要，也无法为他们设计一个完整的世界观，他们的行为只要符合前几章提到的那些要求（有自己的明确目的、不具备全知视角等）就足够了。有一些配角可能会相对重要，会在多个段子里出现，会跟主角产生多次且多样的互动（这种角色往往深度参与着演员的现实生活，比如妈妈或者配偶），对于这些角色，除了要满足前文提到的要求，还应该使他们的行为具有独立性和一致性。独立性指的是他们必须有基于自身目的的主动行为，而不只是对主角的行为做出反应(前一种配角可以只做出反应)。一致性是指配角的不同行为能用一致的内在逻辑去解释。比如，一个配角不能在上一个段子中还爱财如命，在下一个段子中就突然花钱如流水。我们来看一个例子，这是张博洋在《脱口秀大会》第二季第九期表演的段子：

> 就上个月，一点不夸张，她给我寄了一罐奶粉，而且她寄出来之后才打电话告诉我："喂，儿子，我给你寄了罐奶粉，记得收一下。"
>
> 我说："你说什么？"
>
> 她不理我，接着说："给你寄罐奶粉，最近我不是看了本书嘛，说人体不能缺了DHA，不然智商容易下降，这个奶粉里就含有DHA。但是我去买的时候发现，没有你这个年龄段的，只有婴幼儿和中老年的，于是我就给你买了个中老年的。"
>
> 我说："你说什么？"
>
> 她不理我，接着说："早上晚上各一次，用温水冲开，记得喝。"
>
> 直到这个时候，我才终于反应过来，接受了我妈给我购买奶粉的事实，于是我开始反问她，我说："妈，你为什么要给我买中老年的奶粉？"

“不是说了嘛，没有你这个年龄段的。”

“那你有没有想过，人家为什么没有我这个年龄段的？”

我妈说：“那当然是因为你们这个年龄段的年轻人，不知道注意身体。”

很难反驳，真的很难反驳。于是我跟她说：“行吧行吧，寄吧，寄就寄吧。但是这样，你再给我买一罐婴幼儿的（奶粉）寄过来。”

“为啥？”

“我掺着喝，掺着喝就是我的年龄段了。”

电话那边，我妈愣了一秒，然后恍然大悟：“对啊，还是我儿子聪明。”

这个段子里的妈妈作为配角，每一句话都紧紧围绕着自己的目的——督促儿子注意身体，正是因为这个目的，她完全理解不了儿子的问题中的质疑和讽刺意味，给出了让人无奈的回答。也正是因为两个人有不同的世界观，所以虽然他们都没有说任何“梗”，但二人的对话有着足够的喜剧性。

总而言之，戏份越多的人物，我们需要设计得就越多、越整体，在这个过程中要遵循一个原则：我们设计的必须永远比舞台上需要呈现的多一个层次。这也是符合前文中提到的“信息量关系”的，演员必须比观众知道得更多。

╱“笑果”创作清单╱

- 在塑造人物时不应该规定人物的行为特征，而是应该从其世界观出发，让人物自然地在情境中做出反应。
- 世界观取决于人物过往的经历，通过人物的行为表现出来，并对故事发生的环境和其他人物产生影响。
- 单口喜剧演员可以通过直接介绍或者讲述具体事件，在段子里展示自己碎片化的世界观。
- 段子中出现的其他配角人物，其行为必须具备独立性和一致性。

第 9 章

人物弧光

第 8 章提到，要想塑造一个丰满立体、真实可信的人物形象，就要为人物赋予独一无二的看待世界的方式，这种方式指的就是人物的世界观。回顾现实生活，我们能明显地感觉到，随着年龄的增长、经历的丰富，我们看待世界的方式也在逐渐发生着变化。比如，我在幼年时期曾经以为“一天只能吃一根雪糕”是通行于全世界的严格规定，如果违反了这一规定，就会受到非常可怕的制裁。但现在的我已经认识到，有的父母会利用孩子对规则的无知和敬畏，把一些日常小事上升到规则的高度来约束孩子的行为。我们也能清楚地知道，因为我们依然在生活，依然将要经历许许多多新鲜的事情，这些事情还会对我们的世界观起作用，所以我们的世界观依然会随着经历发生变化，这种变化可能是根本框架的彻底改变，也可能仅仅是对一些细节的发展和补充。总而言之，只要我们仍然在生活，我们的世界观就不可能停滞不前。

讲故事的人们很早就意识到了这一现象，因此他们在创作故事的时候也会着力去展示人物的变化：**人物本来对世界（往往以某种具体事物为例）持有怎样的看法；人物经历了什么样的外部冲击和内心挣扎；人物对世界产生了什么样的新看法。这就是所谓的人物弧光。**在有些影视剧作品中，我们能从主角的妆容，尤其是眼妆的变化上明显地意识到"她黑化了"，这就是人物弧光最外在的表现方式。人物弧光展示出了人物的成长性，这种成长性会让观众对人物倾注更多的情感，对人物的经历更加感同身受，从而更投入地关注故事情节。

人物弧光在正剧中有许多深入人心的事例。比如，《甄嬛传》[①] 中有一句经典台词："刚入宫的甄嬛已经死了……臣妾是钮祜禄甄嬛。"这实际上就是用台词对主角的人物弧光进行概括。从这个例子中我们能看出，人物弧光指的是人物的"变化"，而非人物的"进步"。人物弧光既可以展示坏人为何变好，也可以展示好人如何变坏，甚至还可以展示一个好人如何从这种好人变成另一种好人。人物弧光既可以从多个维度来展示整个人物的变化，也可以仅仅从一个特征入手，比如，只展示一个不可一世的人物如何学会谦卑或一个安全感很强的人如何变得患得患失。

① 由郑晓龙导演执导，北京电视艺术中心于 2011 年出品。

在喜剧作品中，人物弧光的展示往往造就了喜剧中那些更接近正剧的时刻。根据《喜剧这回事》中的喜剧公式：

> 喜剧讲的是一个普通人，在不具备许多获胜必备的技能和工具的情况下，与无法克服的困难作斗争，遇到数不清的障碍，但从不放弃希望。

对这个普通人而言，进一步意味着他会具备某些获胜必备的技能，因此他就不再符合“非英雄”的标准；退一步则意味着他会放弃希望，那么他就不再符合“获胜”的范畴，所以在他发生变化的瞬间，喜剧就不复存在了。是不是在喜剧中应该避免展示人物弧光呢？答案是否定的。

一方面，喜剧中当然允许存在一些正剧性的时刻，这些时刻还经常能实现整个作品的升华。请回想一下情景喜剧《武林外传》中，人物通过一些事件意识到了自己的局限性，陷入思考或与自己的亲密伙伴坐在房顶上坦诚交流，这种时刻往往会配上抒情的音乐，而且会安排人物领悟一些哲理，说出一些金句，这些展示人物弧光的瞬间是不是格外令人动容？只要喜剧不把这些金句作为作品的核心立意，不把教育观众作为自己的表达目的，不强行传输正能量，这种正剧时刻就不会破坏整个作品的喜剧性。

另一方面，人物可以在喜剧中展示自己发现弱点，尝试克服弱点而最终失败的过程。也就是说，只要把最后的发展改成，人物经历了外部冲击和内心挣扎之后，想产生新的看法，却依然不得不保持原有的看法，这个情节就依然符合喜剧公式，依然能产生足够的喜剧性。比如，在《武林外传》中，早已改邪归正的"盗圣"白展堂看到扈十娘打开的百宝箱时，还是忍不住伸出了手，此时的他正是一个典型的非英雄。因此，我们在喜剧创作中，至少是可以尝试展示人物弧光的，至于最终是指向正剧时刻，还是保持喜剧性，则要看人物在世界观和环境的共同作用之下做出怎样的选择才是最为合理的。

人物弧光在单口喜剧中的应用

在单口喜剧中展示人物弧光，有两个显著的技术难点。

一是单口喜剧的"容量"过小。影视作品由于篇幅充足和表现手法多样，所以在展示人物弧光的时候，往往能表现一个人物的一段生命历程，这段生命历程又可以被拆分成许多个断点。比如，有些点展示了人物原来是什么样的人，有一个关键点是人物发生变化的直接原因，还有一些点则被用来展示人物变成了什么样子。单口喜剧的篇幅有限，表达手法也相对单一，而且还要满足观众对于“梗”的期待，所以单口喜剧无法展示一段生命历程，而只能去展示那些最不常见的、对人物影响最大的关键点。换句话说，能够成为段子素材的生活经历，一定是在一段时间里给你留下最深刻印象的、引发了你最多思考的事件，这个事件本身使你产生的变化会比那些没被选中的事件大得多。如果在段子里完整地展示这一关键事件的前因后果，表演就会变得冗长且枯燥，因为相比于展示你如何变化，观众更希望你能高频次地使他们笑出来。

二是单口喜剧演员在创作的时候是无法具备全知视角的。影视作品的编剧可以用上帝视角来设计人物弧光，他们可以安排好人物的整个生命历程，然后就能很自然地看到哪些瞬间对人物来说是至关重要的，这些瞬间使人物发生了怎样的变化。单口喜剧演员无法从上帝视角观察自己的人生，我们不仅不知道未来会发生什么，甚至不能确定过去发生的那些事已经对现在的我们的世界观产生了重要影响的事件，是不是能在未来依然保持着这种影响。更何况我们的记忆本身并不可靠，因此我们对过往事件的解读就更加不可靠了。除非我们已经过完了这一生，站在天堂（或地狱）的入口，完整地观看一遍自己生前的全部经历，否则我们永远不能确定自己究竟通过哪些事件发生了什么样的变化。

考虑到这两个技术难点，我们在创作的时候可以把展示人物弧光的任务进行拆解，从中选取我们力所能及的部分，让观众从这个部分中自行去感受人物的成长性。

针对容量的问题，我们可以做一个比喻。如果我们把自己的人生历程看作坐标图上的一条曲线，我们在单口喜剧中只能展示曲线上的一些关键点，如使曲线的方向发生改变的点。在展示这些点的时候，我们除了可以展示其横纵坐标，还可以通过求导来展示其切线斜率，也就是在讲述这个关键时刻的时候，除了描述当时发生了什么，还可以通过描述自己的内心活动来展示一种变化趋势。也就是说，我们不必刻意去展示变化，我们只要能准确地描述出自己当时的感受和想法，就能让观众看到变化的可能性，进而感受到人物成长的可能性。

针对全知视角的问题，我们可以重新看第 6 章中关于信息量关系的论述。只要能够严格地满足信息量关系的不等式，那么此时此刻站在舞台上讲述的“演员我”、讲述方式本身，以及“演员我”讲述的故事中的“角色我”，已经为观众感受人物弧光提供了必要的素材。

简而言之，作为单口喜剧演员，我们对展示人物弧光的态度可以是这样的：此时此刻的“我”认为，过去发生的某件事使“我”产生了变化，“我”按照回忆，把“当时的我”的所想所做讲给你听，也告诉你“现在的我”对那件事有什么样的评价和看法，至于“变化之后的我”究竟是什么样子，现在正在跟你说话的这个就是。

最后，我们一起来看两个例子，在这两个例子中，无论是通过讲述的内容，还是通过讲述内容的方式，演员都明显地展示了自己的变化。第一个例子是张博洋在《脱口秀大会》第二季第三期中表演的段子：

你不要看我现在站在台上好像轻松自如、胸有成竹的样子，不是的，其实我是个很不自信的人。一个原因就是（自）进入娱乐行业以来，（我）见到了太多的明星。上一季《吐槽大会》录制最后一期时，我见到了张艺兴。当时彩排，他就站在我面前，不到 1 米的地方，跳舞。我不会。他跳的时候散发出来那种自信，就让我越看越觉得，我的天哪！这才是人类该有的样子。而他身边的我，只是一种随处可见的哺乳动物。而且你们看我现在说话挺正常，其实小时候我有点结巴，本来只有一点点，后来就严重了。因为有一次开学，新班主任，叫班里的同学挨个站起来报名。前面都很顺畅，“我叫 ×××，我叫 ×××”。我一站起来：“我我我我……”全班同学哄堂大笑，整整 10 分钟。那是我迄今为止最好笑的一次。真的，（那）可能就是我喜剧生涯的巅峰。最可气的是，这件事发生之后，整整一个学期，班里有三个人不叫我名字，一见面，（就叫）“我我我我”。其中一个后来真的结巴了，家里（人）还觉得很奇怪，我家儿子好好的怎么结巴了？他永远也不会知道（原因）。

这件事真的给我的自信心带来了毁灭性的打击，说出来你们可能都不信，我甚至考虑过去跳那种自信体操。不知道你们见过没，就那个，（边跳边唱）“我是真的很不错，我是真的很不错，我是真的真的真的真的很不错”。不用鼓掌，我知道有一点点尴尬。而这就是自信体操的力量，你们知道刚才这段，我在家里对着镜子跳了至少20遍，跳之前（我）还很犹豫，（把）这个演出来会不会有点尴尬？（我）跳完立刻不尴尬，要尴尬也是观众尴尬，因为我是真的很不错。（我）跳完觉得好像张艺兴不过如此。

……

其实我知道，后面我讲的这些真实的故事，你们并没有太听进去，我今天的表演已经很难超越刚才那段舞蹈了。所以我说我讲脱口秀挺悲哀的，（我）真正想说的话很少有人在乎，观众印象最深的永远都只是那些哗众取宠的部分。所以我现在也想明白了，真的。不如跳舞，讲脱口秀不如跳舞，至少我的舞跳得，是真的很不错，（唱跳）我是真的……

从这个例子中也能看出来，在单口喜剧里展示人物弧光真的很困难，张博洋用了整整一期的表演来展示自己如何从不自信变得自信，这也要依赖于观众对演员本人的兴趣。

另一个例子是呼兰在《脱口秀大会》第四季第四期表演的段子：

> 我刚开始说脱口秀的时候，一部分原因是上台说脱口秀可以不用抢票，谁知道一路说到今天。现在记者再问我："你当初为什么说脱口秀？"我说："那是为了把欢乐带给人间啊！"经常是记者没咋地，我说：咱暂停一下，我有点感动到自己了。记者（说）："我真没想到，你说脱口秀竟然（是）为了把欢乐带给人间。"我说："我也是刚想到的。"

这个段子展示人物弧光的方式，就是"求导"，演员没有展示自己"一路说到今天"的过程，只展示了自己"刚想到"拔高自己行为意义的时刻。

“笑果”创作清单

- 在一个故事中，要想让观众与人物更好地共情，可以展示人物的变化，也就是人物弧光。
- 人物弧光强调的是变化的过程，而非变化的方向。也就是说，人物弧光可以向四面八方延伸。
- 喜剧作品中可以展示人物追求变化最终失败的过程，如果人物成功了，往往就会造就喜剧中的正剧时刻。
- 喜剧中允许出现正剧时刻。
- 单口喜剧可以展示人物在事件中的变化趋势。
- 通过信息量关系，单口喜剧演员可以让观众感受到人物的成长性。

第 10 章

直线 / 波浪线

直线 / 波浪线描述的是在喜剧中产生关系的两个人物的相对状态。

- 直线指的是对现在发生的状况一无所知或知之甚少，对已经存在的问题完全无视，甚至在积极地制造新的问题。
- 波浪线指的是发现了问题，并且在努力地与问题做斗争，虽然不具备获胜必备的工具，却依然不放弃希望。

直线和波浪线其实就是对两种状态下的思维方式的形象化说法：直线指的是一根筋，一门心思地朝着自己的目标前进，在行进过程中无视周边所发生的事情，不补充新的信息，也不会改变自己的行进路线；波浪线则是指随时观察环境，根据此时此刻的状况确定下一步的方向，并随时调整。**需要特别注意的是，直线 / 波浪线的描述对象是状态，而不是人物。**也就是说，不存在一个直线人物 / 波浪线人物，一个人物可以时而处在直线中，时而处在波浪线中。而且，直线和波浪线是相对存在的，它们实际上揭示的是两个角色因为信息量的差异而产生的冲突。如果两个角色所具备的信息量是一模一样的，那么他们就会在直线 / 波浪线的模式中处于同一端。或者，在这种情况下，必须有另一个信息量更多 / 信息量更少的人物，直线 / 波浪线模式才能成立。直线 / 波浪线模式为我们提供了一个描述喜剧的新的维度：所谓喜剧，并不是去看某个人做好笑的事，而是某个人看着别人做好笑的事，而我们在旁边围观。

在起源于日本的喜剧形式漫才中，两位演员的关系就是非常典型的直线 / 波浪线模式，这一点从他们的角色名称上就可以看出来："装傻担当"是直线，会利用自己的愚蠢来制造笑料；而"吐槽担当"则是波浪线，他是一个清醒的正常人，不断地通过吐槽指出"装傻担当"的愚蠢，并用各种语言，甚至是肢体暴力尝试纠正搭档的愚蠢行为。但"装傻担当"往往会坚持愚蠢，只不过可能会在被纠正之后，改变一下愚蠢的方向。当然，也有一些漫才是以"双装傻"等各种非常规模式展开的，这种"双装傻"实际上是"交替装傻"，即两位演员轮流进入直线状态。观看"双装傻"型的漫才表演，会有助于我们更好地理解"直线 / 波浪线描述的对象是状态，而不是人物”。以笑饭组合[①]的作品《鸟人》为例（为方便大家区分角色，我们将甲演员的台词加了下划线。为了更好地理解这个作品，我强烈建议大家观看原版视频）：

……

甲：“如果这些喜欢小鸟的孩子，都能看到鸟人的存在……”

乙：“那是什么？”

甲：“鸟人，就是头部是鸟，头部以下都是人，穿着英国绅士穿的那种小礼服，出现在喜欢小鸟的孩子面前，给他们一个礼物。”

乙：“以那种造型出现在小孩子面前真的不要紧吗？”

甲：“不要紧，不要紧，那我们来演一下吧。我来演这个鸟人，你就演喜欢小鸟的孩子。”

（开始表演）

乙：“爸爸，爸爸，给我买只鸟吧！”

甲：“你真是个好孩子啊！我是个鸟人哦。”

乙（嘶吼）：“爸爸！爸爸！”

甲：“你怎么了！你开心点啊！你不是喜欢鸟吗？

① 由西田幸治和哲夫组成的搞笑艺人组合，《鸟人》是他们在“M-1 大奖赛 2010”中的表演作品。

你爸爸不是不给你买吗？那我给你个好东西。”

乙：“欸，好东西？”

甲：“嗯，给你这个你爸爸看不见的鹦鹉哦！”

乙：“欸，这样就能背着我爸爸养鹦鹉了！”

甲：“你要多加小心哦，因为你也看不见。”

乙：“那有个屁用啊！什么破玩意儿！”

甲：“但我在恍惚之间是能看见的哦！”

乙：“你倒是看真着点儿啊！不是你给我的吗！”

在前面的部分中，甲是直线，他表演了一个奇怪的鸟人，说了奇怪的话，给出了“谁也看不见的鹦鹉”这一毫无意义的礼物，而乙是波浪线，给出了向爸爸呼救、吐槽礼物等正常人的反应。

甲：“就要给这么棒的礼物才行啊！”

乙：“给点实用的啊！我大概知道了，我来演一下吧。”

甲：“你能演鸟人吗？”

（开始表演）

甲：“啊！小鸟好可爱啊！爸爸为什么不能给我买，它这么可爱又这么便宜！”

乙：“你是真的喜欢鸟，对吧？”

甲：“嗯！我喜欢！”

乙："我是个鸟人！"

甲："爸爸！爸爸！这里有怪物出现了啊！"

乙："你看。"

甲："欸？"

乙："我是不是有着人的身体、鸟的头啊？"

甲："他的介绍太奇怪了，令人难以接受啊！"

乙："我们成为朋友吧！"

甲："成为朋友是不可能了，要是成为朋友，我的其他朋友不都蒙了吗！"

乙："作为朋友，我就把西装解开到胸口这里，让你看看这鸟头人身的交界线吧！"

甲："这玩意才是最不能给人看的好吗！这得让孩子留下多少心理阴影啊！"

显然，在这部分中，甲变成了波浪线，他具备了正常人的反应；乙成了直线，扮演了奇怪的鸟人。

甲："还是你来演小孩子吧。"

乙："爸爸给我买个鸟吧，爸爸！"

甲："烤鸡肉串的葱都这么好吃啊！"

乙："你这不是吃同类了吗！"

甲："我是个鸟人哦！剩下的葱送给你怎么样？"

乙："谁要啊！所以你是只吃鸡肉的吗？"

甲："第一个葱我吃了啊！"

乙："有区别吗！"

在这部分中，甲再次成为直线，扮演了吃同类的鸟人，而乙则作为波浪线吐槽。在之后的表演中，两个人不断交替扮演鸟人，分别扮演了"像大魔王的鸟人""被人类网住后靠自己的双手逃脱的鸟人""不会飞的鸟人"等各种无厘头的角色，扮演孩子的人则吐槽，在每一轮的终点，吐槽者会用"你演小孩去吧"来阻止对方继续装傻，也以此过渡到下一轮。在多数其他形式的喜剧作品中，直线 / 波浪线的交替不会给出如此明确的信号，但我们依然能够通过角色的语言和行为，判断出他已经从直线变成了波浪线。

在这里需要注意的是，直线状态并不是一种毫无逻辑的精神错乱状态，处于直线状态的角色仅仅是不了解一些信息，但他依然有自己的逻辑，对眼前的状况有自己的理解，并且很可能也有自己的明确目标。在鸟人的例子中，每一个奇怪的鸟人都有自己的严密逻辑。比如，鸟人要送出烤鸡肉串的葱作为礼物，那是因为他觉得这种葱非常好吃；再比如，被人类网住的鸟人能够靠自己的双手解开网逃脱，那是因为鸟人只有头部是鸟，他有人类的双手。所以鸟人并非毫无逻辑，他只是缺少常识，不知道正常的人类会对自己的行为有什么样的感受。

再来看一个单口喜剧的例子，这是鸟鸟在《脱口秀大会》第四季第二期中表演的段子：

> 有本书叫《内向者优势》，它安慰到我了，但是没有一本书叫《外向者优势》，我就安慰我外向的朋友，我说："其实你们也有优势了。"
>
> 他说："我知道，我们的优势就是活得非常快乐，不需要看一本书来安慰自己。"
>
> 我说："你知道快乐的人也是要死的。"

在这个段子中，一开始，想要安慰外向的朋友的鸟鸟是直线，朋友是波浪线，因为鸟鸟不知道"外向的人不需要靠一本书来安慰自己"，而当鸟鸟说出"快乐的人也是要死的"时，她就成了波浪线。很显然，她注意到了比外向的朋友更多的信息，也就是"所有人都是要死的"。

在直线 / 波浪线模式中，波浪线始终是更接近正常人的，正因如此，观众更容易将自己代入波浪线的视角。可以说，处于波浪线上的角色就是观众在舞台或荧幕上的代言人，是观众情感的聚焦点。这种聚焦状态与演员的台词数量多少、有没有滑稽的动作无关，它仅仅由"哪个角色处于波浪线状态"来决定，因为喜剧需要观众关注的并非某一个特定角色，而是一个喜剧事实，即"有一个人在看着别人做好笑的事"这一事实。

我们在观看情景喜剧或喜剧电影时，镜头也会以特写的方式提醒我们真正应该关注的东西：不是一个好笑的行为，而是其他角色对这个行为的反应。

直线 / 波浪线在单口喜剧中的应用

在单口喜剧中，只要存在两个及两个以上的人物，就会存在直线 / 波浪线模式，我们依然可以以吉姆·杰弗里斯的《不宽容》为例：

> 我把这道甜品吃了。我刚才没说，和我约会的女孩身材娇小，她吃到第六道菜就不吃了，我把她那份奶酪也吃了，还有她的甜品。乳糖在我的血管里奔流，留给我的时间不多了。我坐在那里想："我们吃完了。"我一边听她说话一边（敷衍地）说："哦，有趣。"
>
> 服务员走过来说："二位想要咖啡吗？"
>
> 我说："（粗暴地）不！（尴尬地）结账吧，谢谢！"

在上面这个片段中，服务员和女孩都处于直线，他们不知道杰弗里斯的时间非常紧，还在不停地做出各种浪费时间的举动，而杰弗里斯则通过敷衍和言语粗暴的方式来试图缩短时间，尽快离开。

因为要住在我家，她对我说："我们要去趟药房，我需要一瓶身体乳。"

我说："你需要？你确定你不是想要？"

她说："我需要。"

我说："我不知道你懂不懂想要和需要的区别，需要的意思是没它你就会死，所以你真的需要吗？"

她坚持声称她需要，所以我们去了药房。我们走进药房，对着满墙的身体乳，我想，"她既然需要，那她一定知道要拿哪种"，但是她开始对着这面墙看。而我，已经开始跳起了那种"我要拉屎"的舞步，我想"我不管了，我要拉屎"。药店后面有个卫生间，我跑过去。说到这儿我必须强调一下，她有洁癖。

在这里，坚持要买身体乳的女孩处于直线，而着急上厕所的"我"处于波浪线，女孩不知道买身体乳这一行为会给"我"造成麻烦，"我"通过质问"需要还是想要"，试图说服女孩不要去买身体乳，赶紧回家。

……

她走过来，把钥匙插进锁眼，钥匙掉了，钥匙掉在地上了，我拉出来了。粪便的气味弥漫在空气中，她终于着急了，连忙捡起钥匙。我说："不用急了，现在就不用急了，你慢慢来！"

在故事的最后，两人的关系发生了转换，女生成了波浪线，她意识到"我"已经拉出来了，可能还意识到如果此时有邻居出门，发现"我"拉裤子了，会让她非常丢脸，所以她开始着急捡钥匙开门，而"我"则成了直线，完全不着急了，因为"我"已经做了最丢人的事情，反而什么都不在乎了。

从这个例子中可以看出，直线 / 波浪线的信息量差异，并不一定是由于直线人物缺少某些信息，也有可能是直线人物主动地选择了无视某些信息，或者说直线人物有意识地不在乎某些信息。前文中鸟鸟的段子也是如此，她的朋友并非不知道人固有一死，只是在对话的当时没有考虑到这一点。从这个角度来说，波浪线人物并不是"知道"得更多，而是"考虑"得更多，"在乎"得更多。直线人物可以出于任何原因将事情搞砸，而波浪线人物则必须努力地解决这些问题，即使最后都会以失败告终，也是如此。

直线 / 波浪线所描述的信息量关系，是对之前第 6 章给出的"当事人（人物）< 观众 < 叙述者（演员）"的细化，它描述的是当事人之间的信息量关系。现在，我们可以将表现信息量关系的

不等式进一步细化。

直线（人物）<波浪线（人物）<观众<叙述者（演员）

我们回看之前用过的张博洋妈妈给他买奶粉的例子：

就上个月，一点不夸张，她给我寄了一罐奶粉，而且她寄出来之后才打电话告诉我："喂，儿子，我给你寄了罐奶粉，记得收一下。"

我说："你说什么？"

她不理我，接着说："给你寄罐奶粉，最近我不是看了本书嘛，说人体不能缺了DHA，不然智商容易下降，这个奶粉里就含有DHA。但是我去买的时候发现，没有你这个年龄段的，只有婴幼儿和中老年的，于是我就给你买了个中老年的。"

我说："你说什么？"

她不理我，接着说："早上晚上各一次，用温水冲开，记得喝。"

直到这个时候，我才终于反应过来，接受了我妈给我购买奶粉的事实，于是我开始反问她，我说："妈，你为什么要给我买中老年的奶粉？"

"不是说了嘛，没有你这个年龄段的。"

“那你有没有想过，人家为什么没有我这个年龄段的？”

我妈说：“那当然是因为你们这个年龄段的年轻人，不知道注意身体。”

很难反驳，真的很难反驳。于是我跟她说：“行吧，行吧，寄吧，寄就寄吧。但是这样，你再给我买一罐婴幼儿的（奶粉）寄过来。”

“为啥？”

“我掺着喝，掺着喝就是我的年龄段了。”

电话那边，我妈愣了一秒，然后恍然大悟：“对啊，还是我儿子聪明。”

在这个例子中，妈妈很明显是直线人物，一门心思地想让儿子喝奶粉保养身体；而张博洋是波浪线人物，他能看到妈妈的这种行为的荒谬之处，他还尝试提醒妈妈，但妈妈毫无所觉。我们作为观众，不仅是在看他妈妈的荒谬行为，更是在看张博洋的困惑与无奈。

很多单口喜剧演员在讲述故事的时候，往往只展示直线的一侧，花很大的笔墨去描述人物的行为有多么愚蠢、多么滑稽，却忽略了真正重要的部分，即“我”对这些行为的反应，这种反应既可以是“我”当时的行为语言，也可以是“我”事后的思考评价。这一部分才是展示“一个有趣的人在讲段子”的关键。因此，我们应该对自己的段子进行检查，检查自己的叙事中是否同时具备了直线与波浪线，在写完“好笑的事情”之后，是不是写了“我”对这一事件的反应。如果没有，那么这个段子并不真正属于你，因为你只是复述了生活中发生的一件事，这件事由其他人来复述也可以同样好笑。只有当你以自己的世界观，用自己的视角对这件事做出了反应，你才能展示自己作为单口喜剧演员的独一无二的价值。

我们还可以从直线 / 波浪线的角度，来观察演员与观众的互动行为。通常那些能引起观众笑声的互动，都有这种直线 / 波浪线的相对关系。比如，观众给出的信息超过了演员的理解能力，演员表现出蒙的状态，此时演员就是直线，观众就是波浪线；再比如，观众给出了极为反常的信息，却毫不自知，演员指出了这一信息的反常之处，此时演员和其他观众是波浪线，互动的观众就是直线。在那些不存在直线 / 波浪线的互动里，演员和观众可以顺畅地对话，完全理解对方给出的信息，这样的互动就难以实现喜剧效果。当然，这样的互动依然有其存在的价值和独特的作用，我们并不鼓励演员在互动时为了构造直线 / 波浪线关系而强行装傻。毕竟，互动的目的不是出梗，出梗只是互动能带来的好处之一。

⁄ “笑果”创作清单 ⁄

- 直线指的是搞不清状况，无视问题，甚至是制造问题的状态；波浪线指的是清楚状况，非常努力地与状况做斗争，却屡战屡败的状态。
- 直线与波浪线是相对的而非绝对的状态，两个角色可以交替处于直线 / 波浪线的状态之中。
- 直线状态不等于毫无逻辑的混乱状态，直线角色依然有自己的逻辑和目的。
- 观众的情感聚焦点在于波浪线，因此我们要重点呈现的并非“好笑的行为”，而是人们对这一行为的反应。
- 直线（人物）< 波浪线（人物）< 观众 < 叙述者（演员）。

第 11 章

积极动作与自发情感

本章要介绍两个概念，是为了让段子更加真实、自然、流畅。事实上，如果你已经按照前几章的指导对自己的段子进行了检查和修改，那本章内容并不会为你的改稿增加更多工作量。相比于具体的方法技巧，积极动作和自发情感更像是一种意识，只要你具备了这种意识，在创作的时候就能自然地付诸实践。

积极动作及其在单口喜剧中的应用

在第 4 章我们就谈到过，人物必须有自己的目的，人物所有的行为都应该是为了实现这个目的而做出的。要避免人物仅为了搞笑而进行一些无意义的插科打诨，只有这样才能确保人物和冲突的真实可信。这种人物的目的感，要通过人物的行为体现出来。也就是说，我们需要为人物设计一些动作，这些动作必须符合下面的条件：在人物眼里，这个动作能使现在的情况变得更好一些。对人物来说，这个动作是他为了实现目的而做出的必然选择，这也是喜剧公式中“从不放弃希望”的具体表现。

在这个条件中，有两个重点需要特别强调。第一，“在人物眼里”，意味着是不是积极动作并不是从观众视角去判断的，也不是从事件结果出发去判断的。有些时候观众能很清楚地意识到角色做出的动作是无效的，这个动作最终也确实未能起到角色所期待的作用，但它依然是一个积极动作，因为角色在做出这个动作的时候，非常笃信这个动作能改善此刻的糟糕状况。只要角色的这种信念感能够被观众所理解，不让观众发出“这个角色为什么会这么蠢”的疑问，这个动作就可以作为积极动作。不能让观众发出这种疑问，并不是指喜剧中不能出现愚蠢的角色，事实上喜剧中绝大多数角色在观众看来都应该是愚蠢的（参见第 5 章和第 6 章），而是说我们要把角色的愚蠢交代清楚，让观众理解角色具有什么样的弱点，角色在情境中了解哪些信息导致角色做出愚蠢的决定，不要只呈现给观众一个“角色很愚蠢”的结果。

为什么这些对观众而言显然无效的行为，角色却会做出呢？这是因为角色是非英雄，角色是不具备全知视角的，角色所拥有的信息量一定是少于观众的。所以“在人物眼里”强调的就是，

“积极”与否是从角色的立场出发，按照角色的性格特征，以角色所拥有的信息量为标准来判断的。我们在设计积极动作时要把自己代入角色的身份中去思考，不能以旁观者，尤其是不能以创作者的视角去设计。如果我们以创作者的视角去设计一个积极动作，那么角色知道得就太多太多了。下面这个例子是周奇墨在《脱口秀大会》第四季第五期表演的段子：

> 我记得有一次啊，她，我女朋友，把她闺蜜带过来介绍（给）我认识的时候，我们三个坐那儿，（她）闺蜜坐我对面，她坐我旁边。她闺蜜真的很漂亮，漂亮到当时我心里有一个小人对着她“（弹舌）Der～”，但是我还是有起码的道德感的，所以呢，我在整个过程中，一直忍着没有看她闺蜜。我就看着我女朋友，然后心里想：看她，不要看她闺蜜。她肯定在看我是不是在看她闺蜜。现在差不多可以看一眼，先假装看那桌。啊，真好看！

在这个段子中，“先假装看那桌”从观众视角来看很难说是一个积极动作，这显然是欲盖弥彰，但是对作为段子中角色的周奇墨来说，这就是一种有效的隐藏。

第二，积极动作中的积极指的是人物的心理状态，即人物想要使自己的境遇变得更好或想要向自己的胜利更近一步，而不是动作本身的呈现形式。也就是说，动作本身不必是积极的。比如，逃避当然是一个消极的行为，但是如果在角色看来，逃避能使自己此时此刻的感觉更好，能缓解自己的焦虑，那么逃避也可以是一个积极动作。有些时候积极动作是非常自私且短视的，角色做出这个动作时只在乎自己当下的感受，忽略了很多其他因素。正因如此，采取积极动作达到的结果往往跟角色的期待有落差，这就是能使观众笑出来之处。例如，张博洋在《脱口秀大会》第二季第一期中表演的段子：

> 我现在的经济能力是这样（的），就是（我）去过不少奢侈品店，但没买过几件奢侈品。不是买不起，而是要买就得买在刀刃上。所以每次进去，店员给我推荐一些当季新品，我不敢试。我怕真的很合适。很尴尬。
>
> 我觉得很合适，她知道我觉得很合适，我知道她知道我觉得很合适，但我得硬着头皮说："嗯……好像不太合适。我再看看，我再看看。"

在这个段子中，博洋说的"好像不太合适"并不是一句积极的话，而是一种委婉的拒绝，但是对情境中的人物来说，这句话使他不用为这件负担不起的奢侈品买单，所以这么说就是一种积极动作。

那么，什么样的动作是消极动作呢？与积极动作正好相反，消极动作指的是角色感到绝望、选择放弃、意识到自己的所作所为并不能达到目的的时刻所做的动作。简而言之，消极动作就是指从喜剧公式中减掉“从不放弃希望”。消极动作也会造成一些正剧时刻，如第 9 章提到的张博洋跳自信体操的段子，博洋在段子的最后放弃了希望（“真正想说的话很少有人在乎，观众印象最深的永远都只是那些哗众取宠的部分，所以我现在也想明白了，真的，不如跳舞，讲脱口秀不如跳舞”），在那个瞬间，气氛似乎是有一些伤感的，好在博洋用自己滑稽的舞姿冲淡了这种伤感，使得这个正剧时刻没有被观众察觉。

积极动作在单口喜剧中的应用，可以参考第 4 章专题“获胜在单口喜剧中的应用”，其中“人物为了达到这个目的做了哪些事”，正是对积极动作的检查。

自发情感及其在单口喜剧中的应用

自发情感指的是由情境直接激发的情感，是一种把任何人放在当时当刻都会自然产生的反应，就像膝跳反应一样自然。在喜剧中，如果失去了自发情感，表演就会变得夸张、滑稽。当然，滑稽之处也能使观众发笑，但是这种由夸张表演而产生的滑稽，由于类型过于单一，所以很容易让观众审美疲劳，而且这种夸张会让作品中的情境和真实生活拉开很大的距离，大到观众会放弃用自己的生活经验和逻辑来理解人物和情节。所以总体而言，如果你并不是想追求这种滑稽带来的喜剧效果，也没有足够的能力维持这种效果，那就要极力避免这种夸张的演法，让自己的所有反应都更加真实和生活化。

在创作中，人物的自发情感体现为人物有自己的弱点和目的，会以自己的方式对外界的任何刺激做出反应，因此我们在设置人物台词和行为时，不能孤立地看一个人物，不能把人物单独放在一个真空的玻璃罩子里，而要考虑到人物的关系和互动方式，要让人物能听到、看到、感受到在自己周围发生了什么，并且给出在这一情境之下真实可信的反馈。作为喜剧演员，要展示自发情感，就需要首先相信情境，充分地感受情境，然后代入自己的生活经验，在情境里真实地去生活，不要用一些描述性的语言，如“愤怒地”“愉快地”，来限制自己的表演。

在单口喜剧中，自发情感是格外重要的，这是因为单口喜剧的表演形式要求演员和观众直接进行交流。也就是说，单口喜剧演员不仅要表现作品中人物的自发情感，还要作为演员本人，向观众展示自己此时此刻的自发情感。只有让观众感受到了作为演员本人的自发情感，观众才会觉得演员是真诚的，才会逐渐放下防备，放松地沉浸到演员的讲述之中。如果让观众觉得演员只是在背词或表演，那么观众很可能没办法专注于演员所讲的内容，会更多地被演员的状态所干扰。

要想更好地展示作为演员的自发情感，可以参考一些具体的建议，比如，要在较高程度上熟悉自己的表演内容。这是因为，如果演员连自己表演的内容都不熟悉，那么当他面对观众的时候，他所有的精力都需要用来避免忘词。在这种情况下，他对自己所处的情境是无暇顾及的，甚至不可能跟观众有真诚的交流，因为他的注意力无法分给观众。当然，这一要求对于新演员会更加严格。如果你的舞台经验已经非常丰富，即使你对内容不够熟悉，在舞台上也能从容自若地一边想词，一边感受情境、跟观众交流，那么对内容的熟悉程度就不会影响你展示自发情感。但是根据我的观察，即使是成熟演员，对内容不够熟悉也会在很大程度上影响其表演效果。

类似的建议还有很多，它们共同的原理就是，演员需要让自己在舞台上的状态无限接近自己在生活中的状态。因为大多数正常人在生活中的所有时刻，都在展示自己的自发情感。我们无从准备，也无法设计，当然也没有这种必要，我们只能对生活中发生的事情做出真实的反应，我们甚至没想过可以有别的选项。这是一种非常好的状态，自然、松弛，比我们在舞台上的状态要好得多。我们在舞台上无法放松，是因为我们对舞台这个环境不够熟悉，对台下的这些陌生人不够熟悉，对在陌生人面前讲话的情境不够熟悉。同时，我们又有明确的企图，那就是想要逗这些陌生人笑，所以我们会进行一些自作聪明的设计，我们不再是我们自己了，于是我们彻底失去了展示自发情感的可能性。当然这只是一种极端的情况，但多数时候我们在舞台上的确会有各种各样的动作变形，这些变形阻碍了我们跟观众的真诚交流。

要想解决这个问题，最有效的办法就是去进行开放麦表演，开放麦表演对单口喜剧演员来说是最伟大的发明。绝大多数单口喜剧演员都知道开放麦表演是用来试讲新段子的，这一作用当然非常重要。但开放麦表演还有一个与试讲新段子同等重要的作用，就是积累舞台时间，只要你在台上待的时间足够长，你就一定能学会在台上放松下来，或者说你就不得不在台上放松下来，因为这个场景对你来说实在是太熟悉了。通过舞台时间的积累，我们能逐渐学会在舞台上感受、在舞台上思考，最终学会在舞台上生活。当我们在台上的状态能像在生活中一样自然、松弛时，再加上我们精心打磨过的内容，我们的单口喜剧表演就能够实现最大化的喜剧效果。这里的最大化指的是，在内容不变的前提下，自然、松弛的表演状态能实现比其他状态更好的喜剧效果。如果你觉得自己已经足够自然、松弛了，但是效果依然不理想，那说明你的内容不够好，此时就要利用本书给出的其他工具检修你的内容，不必再在状态上死磕了。至于应该如何利用好每一场开放麦表演，之后的章节中会有更加细致的说明，在此不赘述。

“笑果”创作清单

- 积极动作指的是，在人物眼中，能使人物的心理状况变得更好的动作。
- 积极动作不必以积极的形式呈现，也不必真的起到积极作用。
- 消极动作指的是非英雄失去希望时做出的动作，消极动作会造就正剧时刻。
- 自发情感能使观众更好地代入自身经验来理解作品。
- 人物的自发情感要通过人物和情境的互动来展现。
- 单口喜剧演员为了更好地展示自发情感，就需要让自己在舞台上的状态无限接近自己在真实生活中的状态。
- 开放麦表演对展示自发情感有非常重要的作用。

第12章

修　辞

在前面几章，我们已经讨论了如何明确自己的态度、观点，如何按照喜剧公式去检查自己段子中的“获胜”“非英雄”，如何调节信息量关系，等等。这些工作是关于段子的内在逻辑与结构的，虽然它们要通过具体的语言和肢体语言得以表现，但它们对“组织语言”这一行为的指导，更侧重于“该说什么”，而非“该如何说”。当我们在“该说什么”的范畴内很难前进时，可能是因为确实已经完成了，也可能是因为进入了瓶颈期，我们也可以换一种思路，推敲自己的语言是不是已经用了最具喜剧性的方式来呈现。“单口喜剧是一个有趣的人讲段子，而不是一个人讲有趣的段子。”要想在舞台上充分展示自己的“有趣”，就必须充分地利用语言这个载体。如果一个人的说话方式很有趣味性，观众就会对他产生更多的兴趣，进而给出更多、更持久的注意，这种注意在铺垫阶段尤其重要。说话有趣的演员，能使观众在铺垫阶段认真聆听、充分理解信息、产生好奇心，甚至还能在演员出梗之前就营造一种轻松愉悦的氛围。反之，则会使观众精神涣散，对演出失去兴趣，开始寻找其他刺激，如玩手机。在这种情况下，演员很难挽回局面。

在不影响表达准确性的情况下，我们可以充分利用幽默语言学的工具，对我们的语言进行润色。在这之前必须再重申一次，这样做的前提是我们已经进行了关于“该说什么”的深入思考，段子里已经具备了喜剧公式所要求的基本框架，我们只是通过修辞手法来放大语言的喜剧性，而不是仅仅用语言上的花招来制造喜剧性。这要求我们在使用修辞手法的时候，着眼于表达效果。

第一，要确保在没有加入修辞的情况下，能用最平实的语言把要讲的内容讲得清楚、准确。如果自己的表达目的尚未明确，那不能指望靠修辞出一个梗把观众骗过去。

第二，要追问自己“我为什么要使用修辞？在此处使用修辞是不是有助于我更好地实现自己的表达目的”。如果追问的答案是“我只是为了好笑”，那使用修辞就大可不必。

第三，要用自己的语感检查每一处具体的修辞是否符合整体的语言氛围，有没有明显的不协调、不自然之处，以及润色之后的说话方式是否符合演员在台上展示出的整体状态。比如，宋飞善于使用比喻，绝大多数时候他的比喻都与他本人的气质非常吻合。可以想象，假如让凯文·哈特来讲这些比喻，效果就会大打折扣。

总而言之，滥用修辞会使我们的语言脱离“正常说话”的范畴，显得油嘴滑舌、不够真诚，观众也会因此提高预期和警惕性，从而更难发笑。对于这个问题，宋代王应麟在《困学纪闻》中有非常精妙的论述:“修其内则为诚，修其外则为巧言。”我们在使用修辞工具的时候，都应该以此为戒。

场景化和陌生化

在单口喜剧表演中使用语言技巧，主要是为了实现两种表达效果：场景化和陌生化。

场景化指的是通过语言描述让观众想象出具体的场景或画面。简单来说，就是要把演员的语言转化为观众脑海中的图像或感受。表达场景化效果是优秀的单口喜剧演员在创作中必须具备的意识。我们给出每一个信息的时候，都可以考虑一下，能用什么样的方式将这个信息转化成观众可想象的图像或感觉。下面举一个比较典型的场景化的例子，这是赵晓卉在《脱口秀大会》第二季第五期表演的段子：

> 我那个工作服，就这么说吧，跟我姥爷60年前在车间穿的那身一模一样。有一次我就穿着工作服挤地铁，那天地铁里面人挺多的，但是大家给我让了一个位置出来。这个位置里除了我，还有一个农民工大哥和一个保洁阿姨。你们记不记得老版50块（元）人民币长什么样子？我们三个站在那里，目视前方，眼神坚定。你就感觉我们头上还顶着两行字，一行是劳动最光荣，一行是还我血汗钱。

在这个段子里，晓卉没有对这件工作服的颜色、材质、款式给出任何具体的描述，但是用了两句话引导观众想象出了这件工作服的样式，虽然观众的想象可能各不相同，但是一定都具备“老旧”“粗糙”这些共性，而这些共性正是晓卉想要强调的特点。

关于陌生化的具体定义，大家可以去看一些剧作家布莱希特表演体系的理论书籍，这里所说的陌生化，可以简单地理解成从大家习以为常的世界中找到新鲜的东西。这种新鲜可能是事件本身的新鲜，也就是大家平时不会遇到的事情；也可能是讲述方式的新鲜，如不按时间顺序讲述故事；还可能是叙述视角的新鲜，如一般我们都用第一视角观察世界，但我们换一个视角，想象一下事件中其他人物看到了什么。鸟鸟在《脱口秀大会》第四季第二期表演的段子就对视角进行了陌生化处理：

> 我特别在意别人的看法，甚至超过我个人的感受。即便现在我被一只老虎咬了，都很难立刻喊人来救，因为如果没有人救，我只是可能会死，可是一旦有人救，我还得跟他打招呼。
>
> 这时候如果武松从我面前走过，我都会想："我应该叫他武老师还是叫他松哥。如果叫武老师（就会）太疏远，但是叫松哥又太亲切了。"
>
> 武松可能也想："她身边是不是有一只老虎，但是她没有叫我，如果我贸然地过去，会不会显得我不信任她的能力？好像就我会打老虎似的。"
>
> 老虎可能也想："为什么突然这么尴尬？是不是我咬人的样子太奇怪了，我就知道我的虎牙长得有问题。"

在这个段子中，鸟鸟不仅从自己的视角说了"内向的人会怎么样"，还假设了"如果武松很内向""如果老虎也很内向"的情况，从不同的视角把"内向的人经常过度在意别人的感受"这一前提表现得淋漓尽致。

陌生化，其实就是在常见的世界中寻找"不常见"，只不过相比于前文所说的“不常见”，这里的“不常见”更加宽泛，涵盖了语言、视角等其他维度。在这里我必须重申：对陌生化的追求，并不是要故意说一些反常的、怪诞的话，而是要致力于用更新鲜的方式去实现表达目的，从而加深观众的理解，给观众留下更为深刻的印象。

简单事实

在介绍更多具体的修辞手法之前，先向大家介绍一种特殊的技巧——简单事实（simple truth）。顾名思义，这是一种无修辞的修辞，就是指直接地陈述一个简单事实，但是很显然，并不是所有的事实陈述都能实现幽默的表达效果，如演员上台之后自我介绍：“大家好，我是 ×××。”这的确是一个简单事实，但是很难引发观众的笑声。不过，如果一个男演员上台之后，用非常纤柔的声线自我介绍说：“大家好，你们应该已经发现了，我有一点‘娘’。”这就很有可能收获观众的笑声。对比这两句话，我们可以发现，第二句话给出的简单事实（“娘”），是观众能够明确地意识到，但是出于某些原因（如礼貌），不会在公开场合说出来的，而第一个事实（演员的姓名）则不具备这两个要素。**因此，作为喜剧技巧的简单事实必须满足两个要求：**

1. 事实本身必须是在场的所有人都能明确意识到，甚至无法回避的，即“房间里的大象”[①]。
2. 这一事实必须是正常人出于某些原因（如社交礼仪、立场等），在公共场合难以启齿的。

我们对王国维所说的“人人心中所有，人人笔下所无”稍加改动，就能概括以上两条标准：人人眼中所有，人人口中所无。

从这一分析中也能看出，简单事实这一技巧之所以能起作用，主要是因为现场有一些大家心照不宣却难以启齿的事实，这种事实会给观众造成一定的心理压力，而演员则通过直接讲出这个事实来达到释放压力的效果。呼兰在《脱口秀大会》第四季第四期就讲了一个简单事实：

> 前段时间我在马路边上喝酒，来了个年轻人，我说：“你是做什么的？”
>
> 他说：“我是诗人。”
>
> 我就知道（他）没有工作嘛！

① 指一些非常显而易见的，可是却一直被忽略的问题。

比喻与夸张

单口喜剧中最常用的修辞手法应该是比喻，而且单口喜剧中的比喻往往和夸张同时出现，相互配合。演员会有目的地将自己所要描述的事物的某一个特征夸大或弱化，并加以联想，用其他具有相似性的事物来进行说明。**相比于完全客观的描述，比喻和夸张的修辞手法可以把观众的注意力吸引到演员讲述的重点信息上，并充分地展示出演员的主观感受和感情色彩，让观众更好地看到演员眼中的世界。**

如果说普通的描述相当于对现实进行全景拍摄，那么比喻与夸张就是对重点部分的特写。在观看影视作品的时候，我们看到特写镜头，就会意识到导演很可能别有深意。比如，如果导演给一杯水特写镜头，我们就会认为这杯水一定不是一杯普通的水，一定是对后续的剧情发展十分重要的水。单口喜剧也是同样的道理，如果你对一个事物使用了夸张或比喻的修辞手法，观众就会调动更多的注意力去解读其背后的深意。所以，比喻与夸张的修辞手法不能滥用，一定要“好钢用在刀刃上”，要想清楚自己使用这种手法是为了实现什么样的表达目的，要表现怎样的情感倾向，否则就会让观众有上当受骗之感。而且，过多地使用比喻和夸张，也会使观众的注意力失去焦点，获取信息的效率大大降低，就好像如果一段话看起来处处都是重点，那就相当于没有重点一样。

比喻是我们在小学就很熟悉的一种修辞手法，但是“妹妹的脸像红苹果”这种比喻，在单口喜剧中是很难发挥出价值的。那么，单口喜剧中的比喻有哪些共同的特征呢？我们先来看两个例子，第一个是艾克斯特专场《拿手剧目》中的段子：

离开我老婆之后，我突然很想念她。失去她之后，我才知道她对我有多重要。就好比，你今天刚刚剪了指甲，就有四个钥匙需要放进钥匙环。

第二个是周奇墨在《脱口秀大会》第四季第八期表演的段子：

你们有人和别人拼过生日吗？我拼过，拼生日。因为我之前入职过的一家公司会给员工过生日。我的生日呢，是5月31号。我们还有一个同事叫刘畅，他的生日是5月21号，但是在我们主管看来：“哎呀，都是5月末嘛！就一起过了吧。”他就（把生日会）选在了5月25号，（这一天）不是我俩任何一个人的生日。他为了不得罪两个人而得罪了两个人。

然后到了25号那天，主管从外面订的一个蛋糕送了进来。蛋糕，大家都知道，上面一般会有一个牌，上面写着祝某某某生日快乐，但这就是拼生日的尴尬，那个牌它有字数限制，写不下（两人的名字)。那天那个牌上写的不是“祝周奇墨和刘畅生日快乐”,写的是“祝二位生日快乐”。二位,任何两个人都可以。然后蛋糕端过来,大家就开始给我们点蜡烛,给我们唱歌。当时在歌声中,在烛光中,我就感觉那天是我的包办婚姻。因为我突然发现一切都是别人安排的。这个日子是别人安排的,跟我一起过日子的人也是别人安排的,还要过多久我都不知道,一辈子吗?

比喻,需要有本体和喻体,本体和喻体必须是性质不同的两类事物(所以“妹妹的脸像红苹果”是比喻,“这个梨吃起来像苹果”则不是比喻),而且两者之间需要有一些共同的特征,这是比喻成立的必要条件。我们对前面的第一个例子进行拆分,在这个比喻中,本体是“离婚后突然开始想念妻子的感觉”,喻体是“刚剪了指甲,却恰好需要用指甲抠开钥匙环的感觉”,本体和喻体的共同特点,也正是演员希望观众脑补出来的部分,即一种若有所失、追悔莫及的惆怅。现有的单口喜剧作品中有许多优秀的比喻内容,其本体和喻体都是“感觉”。这是因为,“感觉”是一种比较抽象的东西,要想让观众更准确地理解“感觉”,就需要用比喻使其变得更加具体。在这个例子中,演员说了“很想念她”,但这可能不足以让没离过婚的观众完全理解这种情绪,所以他用了钥匙的比喻,毕竟往钥匙环里穿进钥匙是一个比离婚常见得多的经历,观众更容易想象人在这种状况下的感觉。第二个例子也是一样的，本体是“和别人合过生日的感觉”，喻体是“被包办婚姻的感觉”，因为多数观众都没有和别人合过过生日，但或多或少都会从书本或其他地方获得了一些关于包办婚姻的认知。

从这两个例子中我们可以看出，在单口喜剧中，可以作为本体的事物，其范围是非常广的，除了事物本身的形象特征，还有事物带给人的感受（听觉、味觉、嗅觉、触觉等），人物在情境中的心理状态（焦虑、快乐、悲伤等），都可以成为比喻的本体。多数时候我们会选择那些更抽象、更难以直接理解的描述对象作为本体，是因为只有这样的对象才具备使用比喻的必要性。

从前面几个例子之中我们还可以看到，在运用比喻修辞时，喻体的范围同样广。我们不仅可以选择现有的事物或现实中可能发生的情况作为喻体，如剪了指甲却需要把钥匙放进钥匙环，还可以将几种事物进行组合与叠加，构造出一个在现实世界中并不存在的情境，用以拟合本体的复杂性。

我们在创作时，要想写出一个成立的比喻，正常的操作步骤应该是：首先，确定本体；其次，找到本体中最需要加以展示的特征；最后，以“具备这一特征”为标准，去寻找或构建喻体。在本体和喻体确实同时具备某一特征的前提下，本体和喻体在其他维度的性质差别越大、程度距离越远（离婚与往钥匙环上挂钥匙，过生日与包办婚姻），比喻的喜剧效果就越强。

需要说明的是，除了这种明确给出本体、喻体的明喻，还可以采用在形式上更为灵活的暗喻，即完全不体现“好像”“正如”等词语，而是以别的方式连接本体和喻体。在这里我把自己在单口喜剧中最喜欢的一个暗喻分享给大家，它出自艾克斯特专场《拿手剧目》：

> 英国脱欧公投的那天早上，我的室友帮我沏了一杯薄荷茶，并问我：“你是想把茶包留在杯子里面，还是拿出来？”
>
> 我不知道他为什么要在那天早上问我这个问题。这很难选择，如果把茶包留在杯子里面，茶就会变浓，但是茶包本身会变淡，不过它已经成了这杯浓茶的一部分。如果把茶包拿出来，茶就会变淡，茶包会直接被丢掉。

在这个比喻中，演员看起来只是在讲恰巧在脱欧公投当天发生的一件事情，但观众都能明显地感受到，他是在用茶包和茶的关系隐喻英国和欧盟的关系，相比于直接讲“英国脱欧就好像茶包离开茶”，这种暗喻的写法会让观众进行更多思考，从而获得一种玩智力游戏的快感，也使演员的表达显得更加含蓄隽永。

接下来，我们来讨论夸张这种修辞手法，它相对而言比较简单，但是也需要格外注意夸张与事实之间的距离。如果距离太近，观众就会不知道你是不是在使用夸张的修辞手法，一旦如此，观众不仅感受不到你的表达目的与感情色彩，还会从自己真实的生活经验出发，对你的描述有所质疑，失去共鸣的基础。如果夸张与事实的距离太远，则会失去根基，给观众留下“语言浮夸”的负面印象。

其他修辞方式（非穷举）

除了最常见的比喻和夸张，下面再介绍几种能增强喜剧效果但不太常见的修辞方式（如双关之类的就不必再多说了），这些方式大多出自《幽默语言学》[①]，对修辞有兴趣的朋友可以阅读此书。在介绍之前我必须说明，以下内容的重点并不在于一种修辞方式叫什么名字、如何定义，记住这些晦涩的学术名词对创作并无帮助，真正重要的是结合给出的例子，去充分地理解修辞应该如何使用，能够起到怎样的表达效果。在实践

① 胡范铸．幽默语言学．上海：上海社会科学文献出版社，1991.

中，我们往往是先确定自己要达到的表达效果，再以此为依据选择恰当的修辞方式。

衬跌/三翻四抖/三次出节奏："排比+意外"，先通过排比为观众建立心理预期，然后在最后一句给出和之前的排比截然不同的内容，形成预期违背逻辑。这个修辞手法比较古老，所以在使用时会有一定的被观众猜到的风险。例如，张博洋在《脱口秀大会》第二季第九期表演的段子：

> 线下演出就更尴尬了，因为观众是根据一个演员的知名度来决定如何欢呼的。
>
> 有一次演出，庞博一上台，观众（掌声、欢呼声）。
>
> 李诞一上台，观众（掌声、欢呼声）。
>
> 我一上台（短暂掌声）。掌声结束，一个观众（轻佻地）：喔——

顿跌：通过停顿来改变语义、制造意外，有时会与谐音、双关共同使用。这一技巧在双人表演中使用更多，因为这本质上是一种"不好好说话"的说话方式，它既需要合理的语境（如翻页），也需要一个人指出这种说话方式的问题。例如，肉食动物在《脱口秀大会》第四季第九期表演的段子：

大木：“在那个遥远的下午，王子娶了白雪公主，死了。”

晃晃：“怎么就死了呀！”

大木：“（翻页）的心都有了。”

晃晃：“不要在这个时候翻页好不好啊！”

歇后：利用或编造歇后语。歇后语的前半部分叫引语，相当于谜面；后半部分叫说明语，相当于谜底。编造歇后语时要注意反差，引语和说明语的反差越大，喜剧效果越强。要想学习积累歇后语，可以多欣赏我国传统的说唱艺术作品。例如，常见的歇后语：

大衣柜没把手——抠门儿。

撇词：将经常连用的两个同义词、近义词或成语进行拆分，肯定一部分的同时否定另一部分，形式上就是从一个词组中减去一个词语。例如：

难能而并不可贵。

奇饰：即“奇怪的修饰”，用看起来不沾边的词对中心词进行修饰，实现讽刺的表达效果。例如：

业余华侨、二手科学家、迪士尼在逃保安。

矛盾统一：将意思完全相反的词语连用。例如：

放纵得很克制，真诚得很油腻。

杂混：将一些完全无关的词语或句子放在一起。例如，郭德纲相声作品《我要闹绯闻》的定场诗片段：

三尺龙泉万卷书，上天生我意何如？不能报国平天下，我是谁的丈夫？

倒构：不改变语言本身，只改变词性或语法结构关系，形成完全不同的意思，是双关的一种。例如，网络段子：

你有个孝顺儿子，我呢，我得孝顺儿子。

倒序：倒换字的顺序来改变词意。例如，网络段子：

汤面管饱，面汤管饱。

前方吃紧，后方紧吃。

友朋小吃，吃小朋友。

倒比：将比喻的本体和喻体颠倒，这一手法只能用于那些带有夸张属性的比喻。倒比可以揭示原比喻的荒谬性。例如：

都说毛不易是下一个李宗盛，李宗盛大哥知道自己是上一个毛不易吗？①

倒引 / 复仇（revenge）/ 以牙还牙：引用对方的原话来回击对方。在使用这种手法的时候，还击的语言要尽可能还原对方的话，还击的语境也要跟语言有很高的契合度，切忌为了使用对方的原话而忽略正常的语言逻辑。这部分内容可以参考第 2 章中“从原生观点到衍生观点”一节。

倒位：颠倒事物在逻辑关系中的位置，如因果倒置。例如，网络段子：

大国首脑说：“我们有军队——200 万个士兵，你还不投降？”

小国首脑说：“我投降，国家太小，容纳不下 200 万个战俘。”

---

① 参考于《吐槽大会》第二季中李诞的表演，原文为：“我特别喜欢毛不易，（他）被称为少年李宗盛。”该季节目由深圳市腾讯计算机系统有限公司、上海笑果文化传媒有限公司联合出品。

这种颠倒还可以通过多个元素的联结，形成一种循环式的逻辑链条，例如，张博洋在《脱口秀大会》第二季第四期表演的段子：

> 之前“996”工作制的事，还记得吗？程序员建了一个网站，叫996ICU，“上班996，下班ICU”。这话乍一听，程序员好像特别惨，但是你仔细想，程序员惨，ICU里的医生是不是也很惨，抢救一天的病人，好不容易回家吃口饭，推进来一堆程序员，吃什么饭，点个外卖接着干吧！当然这话乍一听，医生好像特别惨，但是你仔细想，医生惨，外卖小哥是不是也很惨，送了一天的外卖，好不容易歇了一会儿，来了一堆医院的订单，还歇什么啊！骑上车子接着送吧！当然这话乍一听外卖小哥好像特别惨，但是你仔细想，外卖App的服务器为什么夜里9点还在运行，是谁在维护？如果医生不老是在夜里叫外卖，是不是ICU里也就来不了那么多程序员？

反语：正话反说或反话正说。

飞白：故意说错，如读错别字、口齿不清等，在相声中比较常用，在单口喜剧中多用于模仿别人的语言或逻辑错误。例如，苗阜、王声演绎的《满腹经纶》片段（上），以及周奇墨在《脱口秀大会》第四季第二期表演的段子（下）：

甲："我最喜欢读的神话故事啊，哪托闹海！"

乙："哪儿脱闹海？哪儿脱都能闹海！只要你在海边脱。"（上）

"（模仿天津伯伯）You doing what 呢 doing，啊？Listen to baibai，listen to baibai，you want money 吗？you make 呀！ You twenty how much 啊 twenty？……"（下）

这个例子模仿了天津伯伯带有口音的、语法完全混乱的、中英夹杂的英语，与天津伯伯用天津话劝阻跳楼少年形成呼应，也增加了表演的滑稽性。

易色：语言本身的感情色彩或语体色彩与语境需要的色彩不匹配，如在生活中使用政治化的语言（想学习这一技巧也可以观看情景喜剧《我爱我家》）。易色在单口喜剧中的应用可以参考张博洋在《脱口秀大会》第二季第三期表演的段子：

我的天哪！这才是人类该有的样子，而他身边的我，只是一种随处可见的哺乳动物。

转类：词类活用，如名词作动词或名词作形容词。例如：

做人不要太××（人名）。

闪避：在回答问话时，故意曲解问话，抓不对重点，说一些语义上完全正确，但是在语用上毫无价值的话。例如：

有观众问我："你凭什么每天都讲一模一样的内容？"

当然是凭我过人的记忆力啊！

精细/细节冗余：在不必要的地方给出具体的数字/细节。例如：

我早就有82.6%的信心，经你这么一说，我才有了100%的信心。

平行结构：将相同语言结构的话进行对比，突出其差异性。例如，呼兰在《脱口秀大会》第四季第四期表演的段子：

要是李诞跟我说："呼兰，咱们说脱口秀是为了把欢乐带给人间。"

我肯定说："我可去你的吧！我是把欢乐带给了

人间，可是你把钱带回了家呀！”

借代/绰号：用人的某种特征来指代人或根据人物的性格特征来起外号。例如，马三立、王凤山演绎的著名曲艺作家何迟的相声作品《买猴儿》片段：

甲：“从前我们科里呀，有一位文书，姓马，叫马大哈。”

乙：“马大哈？怎么叫这个名字啊？”

甲：“就是马马虎虎、大大咧咧、嘻嘻哈哈。”

曲解：故意误解，比如，把虚指当成实指，把泛指当成特指，把比喻义理解为本义，把词语的一个意思理解为另一个意思。例如，侯宝林、郭启儒演绎的《笑的研究》：

甲：“那是不常听相声。”

乙：“啊！”

甲：“所以说，‘笑一笑，少一少；愁一愁，白了头’。”

乙：“你这说法儿不对，我记得有这么句话：‘笑一笑，十年少。’”

甲：“嗯？”

乙：“人一笑，能年轻10岁。”

甲："噢，你这是定期的？我那是活期的。"

乙："干吗，存款哪？"

甲："你说，一乐就能年轻10岁？"

乙："啊！"

甲："比如，来个30岁的人听相声，哈哈一乐，剩20（年）了。再一乐，10岁了。你再说什么，他也不敢乐了。"

乙："怎么？"

甲："再一乐，没了！"

乙："没了！挺大一个人能没了吗？"

甲："人不能没，岁数没了，成初生小孩儿了，来时骑车来的，走时让保育员抱走了！让你这么一说，哪个剧场也不能演相声，演完了转业，剧场改托儿所。"

乙："啊！"

折绕：将言外之意隐藏在看似普通的句式之下。例如，侯宝林、郭启儒演绎的相声《夜行记》[①]：

甲："一狠心买辆自行车。"

① 由郎德沣、陈文海、蒋清奎、贾鸿彬、侯伯照、李培基等于1955年创作，侯宝林整理。

乙："嗯。"

甲："(手势)花了这整儿，这个零儿。"

乙："二百八？"

甲："二十八块。"

乙："二十八块钱你就买车呀！"

甲："买旧的。"

乙："那能骑吗？"

甲："哎，你别看花钱不多，车还可以。"

乙："骑得过儿。"

甲："反正除了铃不响，剩下哪儿都响。"【此处运用了修辞】

乙："好嘛！这车都要散了。"

第三部分

打磨内容第 3 步

在表演中不断精进

第 13 章

持续打磨内容的 3 个建议

在前几章，我们讨论了各种在创作中可以用来对段子进行检修的工具，当你对自己的段子效果不满意时，就可以使用这些工具来进行检查和调整。但是这样做的前提是你已经有了一个“段子”（哪怕它一点都不好笑），并且已经初步了解了这一段内容会达到怎样的演出效果。聪明的你应该已经注意到了，前文并没有给出关于“如何生产自己的第一段内容”及“如何观测这段内容的效果”的指导，这是因为在理想的状态下，一个人应该是先有了非常想要讲的内容，然后才会想要成为一个单口喜剧演员。换言之，如果你只是想成为一个单口喜剧演员，却没有非常想表达的内容，那你大概率是还没那么想成为单口喜剧演员。我在第 1 章就提到过，如果你不是想说点儿什么，只是单纯地想逗人笑，可能其他的喜剧形式更适合你。也许你会因为单口喜剧看起来门槛更低而选择它，但事实上，表达欲过低可能会成为你从事单口喜剧的最大阻碍，这种阻碍比其他喜剧形式的“高门槛”难以克服得多，所以没必要在这里浪费时间。

我们在线下的实际操作之中，往往会基于新人提交的稿件来分配开放麦表演的名额。一般来说，一个人只要站上了开放麦表演的舞台，面对真实的观众，就能知道自己的段子效果如何。不过实际的情况总是没有这么理想，很多新人会误判自己的表演效果，因为他们并不清楚评判的参照系和具体标准是什么。我在工作中时常听到谬误，比如，“这个段子我试了一次，效果不错，我能不能进行商演。”。再比如，“这个梗，每次观众的反应都不一样，时灵时不灵，比较看演员的状态”。这两种判断到底哪里有问题，我在此不直接给出答案，希望读完本书的读者能自己得出结论。

总而言之，在这一章，我会结合成熟演员的实践经验，给出一些碎片化的具体方法。其实我还有更多方法，只是没有经过足够的验证和整理，假如本书未来有幸得以修订，我会把这些方法补充进去。我在本书中给出这些方法，是希望帮助你最大限度地努力写好一个段子，以及最大限度地利用好一场开放麦表演。如果你希望更快地取得进步，并且愿意为此付出时间和精力，那么你不妨尝试这些做法；如果你只是讲着玩玩，那么不看也罢。

记录你的灵感

我们先从写段子开始。多数情况下，写段子并不是一个一挥而就的过程。第一个步骤，往往是被灵感击中，这种灵感可能是对生活中的某些荒谬之处觉得不吐不快，可能是对某种现象产生了新奇的联想和想象，还有可能是仅仅想到了一个谐音梗或误会梗，等等。在这个阶段，我们需要做的两件事是判断和记录。

判断指的是思考一下这个灵感是适合用单口喜剧的形式来呈现，还是更适合发在微博上。如果这个灵感通过文字就能完全展示其精妙之处，那么观众就没有必要听一个大活人站在舞台上说了。

记录指的是把你的想法用尽量简洁、准确的语言记下来。首先，简洁强调的是你要对荒谬或联想的新奇之处进行归纳和概括，而不是像写流水账一样记下所发生的一切，你甚至可以只写出关键性的词或词组，不必写出完整的句子，只要你能确保下次看到这些词组时依然知道自己想要说什么。其次，准确强调的是你必须足够聚焦。有些时候人们会在一件事中看到很多个荒谬之处，最省事的办法是直接把事件记下来，稍微有经验的演员可能还会记下自己对事件的感受和思考，但如果始终不对这些荒谬之处进行拆分，那么它们在最终的作品中一定会相互妨碍。既然早晚要进行拆分，那么越早拆分，需要付出的精力成本就越小，所以在这个阶段尽量不要眉毛胡子一把抓地去记录事件，而是要分条写出你在这一事件中所看到的每一个荒谬之处。这个记录的过程实际上也是一个思考的过程。演员有时候会觉得“这个事儿很荒谬，但我似乎没法跟观众说清楚”。其实多数时候，这就是因为演员自己还没想清楚。只有从记录灵感的阶段就尽力去想清楚“我到底想要说什么”“这件事到底荒谬在哪里”，我们才会有一个坚实的表达目的，才能以此为依据去思考“我应该怎么说”，否则只会越写越乱，越写越复杂。所有优秀的表达，都能够把复杂的东西说得简单易懂，单口喜剧的创作更应该致力于此，所以我们从这一阶段就要带着简单化的目的，从复杂的事件中找出简单的态度和观点。

我们在对灵感进行记录的过程中，明确了“我想要说什么”，那么接下来就要解决“我应该怎么说”的问题。首先，在大的方向上，是以叙事为主线还是以议论为主线。在这里需要强调一下，无论以什么为主线，好的表达方式一定是夹叙夹议的。叙事能够让观众自我代入，产生感性层面的共鸣；议论能让观众冷静思考，产生理性层面的认同。这两者从表达效果的角度来看无法互相替代；从信息量关系和直线 / 波浪线的角度来看，也缺一不可。

那么，两种主线的区别在哪里呢？如果以叙事为主线，那我们在创作时就要注重事件的完整性，要讲清楚事件的起因、经过、结果，一定要确保段子结束时观众不会产生“那后来呢”的疑问。我们还要根据表达目的对情节进行裁剪，在故事连贯的前提下，选取那些最能体现人物的性格弱点、获胜动机的言行来进行展示，然后在叙事过程中加入必要的心理描写和议论。在叙事主线之下的议论，从位置上看往往是后置的，即发生了某一情节之后，再对这一情节进行评价，比如，艾克斯特专场《拿手剧目》中的段子：

> 店员指着角落里的一堆香蕉，那堆香蕉像夜空一样黑，我可不想吃那些半死不活的香蕉。当然，单看香蕉皮，无法判断出果肉的状态。有些香蕉金玉其外，败絮其中；有些香蕉表面是黑的，里面还是好的。要想防止肤浅的人补充足够的钾元素，这就是一个标新立异的好办法。

加下划线的议论部分，就出现在“店员指着角落里的一堆黑香蕉”这一情节之后。不过也有一些例外，在有些段子里，演员会通过前置的议论来向观众暗示即将发生的情节。

如果以议论为主线，就需要进一步明确观点。一方面，对观点进行深化，尝试从“解释”和“解决”的思路产出衍生观点；另一方面，对观点进行细化，写出几个逻辑上并列或递进的分论点，然后对这些论点进行阐述并且寻找论据。在以议论为主线的段子中，叙事的部分就是作为“举例论证”的“例子”出现的，一般来讲并不需要讲一个非常完整的故事，只要有故事中足够说明论点的部分即可。

到这里，我们就拥有了一个段子的雏形，我们可以一边在开放麦表演中进行试验，一边对文本进行进一步的修改和打磨。显然，我们在整个创作过程中，并没有提到“加梗”的步骤，这与第 1 章提到的不要追求好笑的思想是完全一致的。如果我们确实找到了那些不常见的荒谬之处，我们只需要准确地把它说出来，它就已经足够好笑了。如果我们段子里的人物都符合喜剧公式的要求，有弱点、有目标、屡战屡败却从不放弃希望，那我们只要让这些人物在给定的场景中做出自然的反应，他们就已经足够好笑了。我们不需要专门把话说得更机灵，把人物塑造得更滑稽，这样做往往会适得其反。好梗都不是加上去的，而是在真实自然的语境下，从“欲望大于能力”的喜剧冲突之中生长出来的。

用口语创作

这里还要特别提到一点，在单口喜剧的创作过程中，相比于书面创作，其实更加高效的方式是口语创作：记录灵感的阶段可以用书面的方式，但是具体到“我应该怎么说”，则最好用“说”而不是“写”的方式来创作。

书面表达和口语表达有很大的区别。比如，书面表达允许读者有自己的节奏，甚至允许回读。如果你在书上看到一句话但没太看懂，你完全可以停下来进行思考或反复地读这句话以确保自己没有遗漏信息。口语表达是由表达者来掌握节奏的，尤其是在单口喜剧的表演中，观众没有机会向演员提出“你再说一遍”的要求，如果观众没听懂上一句话，这个困惑的雪球就会越滚越大，他们一开始还会试图理解，到后来就会完全失去兴致。多数人在提起笔或打开电脑的时候，都会无意识地采用书面表达的方式来写作内容，但单口喜剧的表演形式是说话，书面表达的方式会让你的表演更接近朗读、背诵，而不是说话。

所以，我们最好以什么形式表演，就以什么形式创作。在这个过程中，文字只是一种记录符号，我们不能让它来决定我们的思维方式。我们需要假设“如果我要把这件事讲给我的朋友听，我会怎么讲”，而不是“如果我要把这件事写给我的朋友看，我要怎么写”。因此，我们要确保我们的“逐字稿”是记下来的，而不是写出来的。也就是说，我们应该先把想到的东西用嘴说出来，再用文字记录下来。这个用嘴说出来的步骤十分必要且很容易被忽视，想要解决这一问题，可以利用录音设备进行创作。例如，在写出灵感关键词之后，在关键词的提示下先对着录音设备说，然后回听，对其中不太满意之处，比如对觉得啰唆的部分进行调整，再次对着录音设备说，直到有一个比较满意的说法，再记录下逐字稿，以便查阅。

此外，我们在说的时候，自然会带上语气、停顿、重音等非内容因素，而且这些因素一定是能跟内容紧密结合的。如果用书面创作的方式，我们就必须在写完稿之后单独设计每句话适合的语气、停顿和重音来呈现，这相当于把一个整体性的创作强行割裂成了内容部分和非内容部分，因此在最后的呈现中，很容易暴露出这两部分之间的不协调。

口语化的显著好处就是有利于演员背词，因为我们在说的时候一定会下意识选择那些更符合自己思维习惯的表达方式，说了上句就能顺出下句，不容易产生“下一句我要说什么”的疑问。当然，经过修改，我们肯定会为了喜剧效果把一些细节改成不那么符合自己思维习惯的说法，因此我们也只需要专门去记忆这些修改之后的说法，整体的记忆负担会比“写词 - 背词”模式小很多。

熟记“开放麦”礼仪

绝大多数演员都会从开放麦表演开始自己的单口喜剧之

路，换言之，我们能在开放麦表演中见到大量毫无经验的新人，这些朋友有时会做出一些奇怪的事情而不自知。为了避免我的读者朋友们成为“不被开放麦演出欢迎的新人”，我想跟大家分享一些开放麦表演礼仪。礼仪的意思就是你可以不这么做，但你要接受别人因此而不喜欢、不欢迎你的结果。

1. 守时！ 每场开放麦演出的时间和顺序一般会被提前通知到演员，我建议，演员至少要在自己的前一位表演者上场时到达场地。如果实在做不到，至少要保证不能迟到。如果会迟到，那至少也应该跟主持人保持联系，随时同步自己的位置，好让主持人及时救场。但最好还是不要迟到，尤其是不要为了赶场迟到，因为数量的增加并不一定意味着进步的加速，一天讲 10 场开放麦演出对你的帮助远远不如认真讲好每天的那一场。守时的另外一个关键，就是要问清楚自己的演出时长和提醒方式，在时间到了之后及时结束演出，哪怕你准备的内容还没有讲完也是一样。因为开放麦演出不是你的个人专场，你一个人的超时很可能会给之后的演员造成很多麻烦。不过好消息是，即使你在台上严重超时，大概率也不会有人把你从台上轰下来，他们最激烈的提醒方式，不过是播放一些音乐或关掉麦克风，以及再也不排你的开放麦表演。

2. 跟主持人好好沟通。 主持人是一场演出的重要组成部分，可以把主持人看作这场演出的临时负责人，所以到了场地之后要首先跟主持人示意，确定对方知道你已经到了。如果需要主持人用特殊的方式介绍你，最好提前和他沟通并确认他领会了你的意思；如果不需要特别介绍，请说“不需要特别介绍”，不要说“随便介绍”；如果主持人对你设计的介绍词提出了异议，那你最好认真考虑一下，因为主持人往往具有较丰富的演出经验，他知道你的介绍词是不是会毁了你的演出。

3. 遵守场内纪律。如果你想坐在观众席上观看演出，那么首先要跟主办方确认这一行为是否被允许。如果被允许进入观众席，那么就要遵守观众的纪律：不频繁进出，不交头接耳，不录音录像。尤其要注意的是，演员应当控制自己的笑声，因为有些时候演员和观众对笑点的理解是不一样的，演员如果在观众没有反应的时候笑得很大声，会极大地影响观众的观演体验。也就是说，当你进入观众席时，你就必须履行作为观众的全部义务，但并不能享受观众的所有权利，你要确保自己的行为不会影响到其他观众。

4. 充分尊重主办方。如果你想要邀请自己的朋友来观看演出，一定要提前跟主办方提出申请，哪怕是免费的演出，也不要直接带着朋友来现场。如果主办方对你的内容有尺度方面的要求，请务必遵守，如果你觉得不舒服可以不报这里的开放麦演出，但不要在台上试探某些底线，这种行为可能会给主办方带来很大的麻烦。

5. 不要在开放麦演出后台追星。无论你见到了谁，都请记住，当你们以演员的身份出现在开放麦演出的现场时，你们就不是偶像和粉丝的关系，你们都是在工作，在此时提出签名、合影之类的请求会让对方感到困扰，也会让你显得非常不职业。如果真的很想离自己的偶像近一点，最好的办法就是好好写段子，争取通过段子给他留下好印象，进而获得跟他讨论创作，甚至是成为朋友的机会。如果可以平等地和自己崇拜的人交往，为什么一定要选择仰视呢？

6. 定期更新内容。开放麦演出的名额很宝贵，如果你很长时间都没有对内容进行更新或修改了，就不要总是报名去开放麦演出中"找状态""找信心"了。你可以跟主办方说明你没有新段子这一情况，这样在给名额的时候，他们就能优先考虑那些要试新内容的演员。

7. 好好背词。背词是一个态度问题，无论是因为什么，忘词都是非常不尊重舞台和观众的，更不用说泰然自若地带着手机、平板等提词装备上台了。还是那句话，开放麦演出的名额很宝贵，如果你还没有准备好，就请准备好了再报名。

关于开放麦表演，截止到交稿，我暂时只想到这些。如果这本书有机会再版，我一定会补充一些新内容进去。

后 记

当知道自己在过去一年中写下的那些培训手记离“一本书”越来越近的时候，我感到兴奋的同时，也难免有一些自我怀疑的焦虑。最主要的原因是，我写完那些内容已经 7 个多月了，在这 7 个多月中我经历了搬家、换工作、专场巡演、比赛等很多大事，现在我的生活状态和创作都进入了崭新的阶段，所以我对正文里写到的问题有了很多不太一样的理解。所以，假如有读者朋友看完书中的某些内容，觉得我一派胡言，也不用太生气，很可能现在的我完全同意你。这些文字仅仅是记录下了我在某个特定阶段的思考，所以我忍不住会问自己：“那它们还值得被更多人看到吗？我是不是应该把它们写得更好、更完善之后，再考虑出版的事？”

想到这里的时候我发现，即使我在本书的第二部分花了很大的篇幅强调，我们要拥抱自己的弱点，要暴露自己的局限，要去书写“进行时”而非“完成时”，不要总是希望自己表现得聪明得体，真实比完美更重要……我在自己的生活里，也还是没有能坚定地践行这些观念。可想而知，我的创作恐怕也是这样。这也许就是我们在整个单口喜剧的创作表演生涯中都必须面对的问题，我们该怎么看到真实的自己，又怎么鼓起勇气把这个真实的自己坚定地展示给观众呢？坦白讲，在这个问题上，任何“别人”能提供的帮助都非常有限，但至少在出书这件事上，我决定做一次非英雄，拿出一本我自己不那么满意的书，去接受别人的评价。

我想象了一个最糟糕的结果：“一个自以为是的喜剧演员，写了一本漏洞百出的创作理论书，为了得到别人的夸奖，她不得不用余生不断地修订这本书，她花在修订上的时间太多了，占用了她的创作时间，于是她的创作理论越来越脱离实践，这本书也被修订得越来越差……在她的葬礼上，人们都说，她是个喜剧演员，这本书是她讲过的最好的笑话。”这好像也勉强具备了喜剧公式的要素，那我就没那么害怕了。

如果不出意外，我应该会继续修订本书——只要我还在坚持从事培训工作。我非常希望有一天我能为大家提供一本化繁为简、举重若轻、深入浅出的理论教材，能更好地启发大家思考、加速大家进步，我会朝着这个方向不断努力的。

我还有一些话想叮嘱本书的读者。单口喜剧不是只靠看书就能学会的，你必须勤奋地创作，多报名参加开放麦演出，在每一场开放麦演出之后好好听录音复盘，把创作当成和吃饭喝水一样重要且日常的事情。你还要多看经典作品，始终关注行业中顶尖的那一批人在写什么样的作品，学习他们的技巧方法，并用来表达你想表达的内容。你要抵御很多诱惑，比如，抄袭套作也许能让你快速得到一些观众的喜爱。但长期来看，观众总会发现真相，到了那个时候你就会永远失去作为“创作者”的信用，哪怕你改邪归正，自己创作出了好段子，别人也总会下意识地觉得“这个东西我好像在哪儿听到过”。再比如，一些肤浅的文字游戏、地域梗、刻板印象梗也许能让你在开放麦演出中炸场，比其他人更早地登上商演的舞台，但你早晚会发现，观众的审美进步极快，只要他们看到过那些结构精巧、洞察准确的优秀作品，他们很快就会抛下你。演员的进步是很慢的，观众看一个乔治·卡林的视频就可以意识到你不够好，你却不能看一个乔治·卡林的视频就变得和他一样好。作为演员，我们一定要走在观众的前面，不断地去创作更优秀的作品，永远不要因为“这种梗就足够让今天这场演出的观众满意”而停止进步。不要轻视观众，不要满足观众的下限，要努力用作品去提高观众的上限。

单口喜剧甚至不是只靠“努力做单口喜剧”就能学会的，你还需要不断地努力，成为一个更敏锐、更真诚、更广阔的人。你要不停地思考，不停地自我剖析，不停地把自己从安全感里刨出来，真正地看到自己，再从自己身上看到人性的共通之处。回避、欺骗、掩饰都是很舒服的，但如果你想要这种舒服感，你就没办法享受舞台上的笑声和欢呼。这是这个舞台的残酷之处。你站在大家的视线中心，就必须做个真人，所有的虚假都会破坏你的演出。这也是这个舞台的温暖之处。虽然你站在大家的视线中心，但你依然可以做个真人，只要你让观众笑了，他们就会爱你。

当我自己还是训练营学员的时候，导师呼兰跟我说："你的问题并不在于段子，而在于人，等你把人的问题解决了，段子就会好起来。"我当时似懂非懂，只觉得震撼，现在四年过去了，我懂了一点儿。我很庆幸自己那么早就听到了这句话，因为我自己恐怕需要很多年才能彻底领悟到。越早听到，我就可以越早开始这个漫长的过程，所以我也把这句话分享给你，你现在就可以开始悟了。

另外，我还希望你思考一下你自己和单口喜剧的关系，问一问自己，你打算为了它付出什么，你期待从它那里获得什么。要区分清楚目的和结果，目的是那些你可以通过努力达到的，如写出一个段子、看完一个专场、读完一本书；结果是那些决定权不在你手里，你只能接受，如成为家喻户晓的喜剧明星。你可以有一些关于结果的梦想，但在平时一定要把注意力更多地放在目的上，你才能走得没那么辛苦。

好了，已经开始逐渐絮叨了，说回这本书吧。关于本书的读法，我想再次强调一下，创作应该是自由的，所以我希望你在读完之后能忘了它（但不要扔），去写你想写的东西，如果有一天你觉得走投无路了，那你倒是可以回来看看本书，也许能有一些新的理解，读完之后别忘了继续去写你想写的东西。

最后，送给你一句我很喜欢的话，这句话出自一个音乐类的综艺节目：我不祝你一帆风顺，我祝你乘风破浪。

致谢

感谢本书中提到的所有演员，感谢你们写出这么好的作品，不仅能给观众带来快乐，还能给我带来佳例。

感谢本书中没有提到但是来我家吃过饭的演员朋友们，感谢你们愿意跟我探讨创作方法，感谢你们对我的认可和鼓励，也感谢你们给我的陪伴和温暖。

感谢我在培训工作中遇到的每一位学员，感谢我在演出中遇到的每一位观众，感谢你们给我的所有反馈，帮助我成为更好的自己。

感谢我的同事姜晓潼、奚雪吟和申晨，以及培训部门的所有同事，感谢你们为了本书的出版所付出的努力，也感谢你们在工作中给予我的如家人般的关心与包容。

我越写越觉得，值得感谢的人实在是太多太多了，简而言之，我感谢每一个与我、与本书发生了交集的人。我由衷地感谢各位，感谢你们愿意付出时间，感谢你们愿意投入精力，感谢你们的善意，谢谢你们！

最后的最后，给每一个读完本书的你，希望我们早日在舞台上相见！

声明

本书中凡涉及引用他人的作品、演出等，均系为了说明单口喜剧相关理论知识，我们已尽力查询并明确注明来源及出处。若您认为相关署名信息有误，请及时与我方联系，联系方式：training@xiaoguowenhua.com。

笑果训练营编辑部

未来，属于终身学习者

我这辈子遇到的聪明人（来自各行各业的聪明人）没有不每天阅读的——没有，一个都没有。巴菲特读书之多，我读书之多，可能会让你感到吃惊。孩子们都笑话我。他们觉得我是一本长了两条腿的书。

———查理·芒格

互联网改变了信息连接的方式；指数型技术在迅速颠覆着现有的商业世界；人工智能已经开始抢占人类的工作岗位……

未来，到底需要什么样的人才？

改变命运唯一的策略是你要变成终身学习者。未来世界将不再需要单一的技能型人才，而是需要具备完善的知识结构、极强逻辑思考力和高感知力的复合型人才。优秀的人往往通过阅读建立足够强大的抽象思维能力，获得异于众人的思考和整合能力。未来，将属于终身学习者！而阅读必定和终身学习形影不离。

很多人读书，追求的是干货，寻求的是立刻行之有效的解决方案。其实这是一种留在舒适区的阅读方法。在这个充满不确定性的年代，答案不会简单地出现在书里，因为生活根本就没有标准确切的答案，你也不能期望过去的经验能解决未来的问题。

而真正的阅读，应该在书中与智者同行思考，借他们的视角看到世界的多元性，提出比答案更重要的好问题，在不确定的时代中领先起跑。

湛庐阅读 App：与最聪明的人共同进化

有人常常把成本支出的焦点放在书价上，把读完一本书当作阅读的终结。其实不然。

时间是读者付出的最大阅读成本

怎么读是读者面临的最大阅读障碍

“读书破万卷”不仅仅在“万”，更重要的是在“破”！

现在，我们构建了全新的“湛庐阅读”App。它将成为你“破万卷”的新居所。在这里：

- 不用考虑读什么，你可以便捷找到纸书、电子书、有声书和各种声音产品；
- 你可以学会怎么读，你将发现集泛读、通读、精读于一体的阅读解决方案；
- 你会与作者、译者、专家、推荐人和阅读教练相遇，他们是优质思想的发源地；
- 你会与优秀的读者和终身学习者为伍，他们对阅读和学习有着持久的热情和源源不绝的内驱力。

CHEERS

本书阅读资料包

给你便捷、高效、全面的阅读体验

本书参考资料

湛庐独家策划

- ✔ 参考文献
  为了环保、节约纸张，部分图书的参考文献以电子版方式提供
- ✔ 主题书单
  编辑精心推荐的延伸阅读书单，助你开启主题式阅读
- ✔ 图片资料
  提供部分图片的高清彩色原版大图，方便保存和分享

相关阅读服务

终身学习者必备

- ✔ 电子书
  便捷、高效，方便检索，易于携带，随时更新
- ✔ 有声书
  保护视力，随时随地，有温度、有情感地听本书
- ✔ 精读班
  2~4周，最懂这本书的人带你读完、读懂、读透这本好书
- ✔ 课　程
  课程权威专家给你开书单，带你快速浏览一个领域的知识概貌
- ✔ 讲　书
  30分钟，大咖给你讲本书，让你挑书不费劲

湛庐编辑为你独家呈现

助你更好获得书里和书外的思想和智慧，请扫码查收！

（阅读资料包的内容因书而异，最终以湛庐阅读App页面为准）

图书在版编目（CIP）数据

单口喜剧进阶指南 / 王梓晗著 . -- 北京 : 华龄出版社 , 2022.10

ISBN 978-7-5169-2381-8

Ⅰ . ①单… Ⅱ . ①王… Ⅲ . ①幽默 (美学) - 口才学 - 指南 Ⅳ . ① H019-62

中国版本图书馆 CIP 数据核字 (2022) 第 159340 号

策划编辑　吴悦琳　　**责任印制**　李未圻
责任编辑　李　健　陈　馨　　**装帧设计**　湛庐文化

书　名	单口喜剧进阶指南	作　者	王梓晗
出　版 发　行	华龄出版社 HUALING PRESS		
社　址	北京市东城区安定门外大街甲 57 号	邮　编	100011
发　行	（010）58122255	传　真	（010）84049572
承　印	唐山富达印务有限公司		
版　次	2022 年 10 月第 1 版	印　次	2022 年 10 月第 1 次印刷
规　格	880mm × 1230mm	开　本	1/32
印　张	7.25	字　数	144 千字
书　号	ISBN 978-7-5169-2381-8		
定　价	69.90 元		